中国青少年篮球教学训练指导手册

中国篮球协会　编著

北京体育大学出版社

策划编辑：赵海宁
责任编辑：赵海宁
责任校对：韩培付
版式设计：谭德毅

图书在版编目（CIP）数据

中国青少年篮球教学训练指导手册 / 中国篮球协会编著. -- 北京：北京体育大学出版社，2021.8（2024.6重印）
ISBN 978-7-5644-3336-9

Ⅰ. ①中… Ⅱ. ①中… Ⅲ. ①青少年—篮球运动—运动训练—教学研究—中国 Ⅳ. ①G841.2

中国版本图书馆CIP数据核字（2021）第096601号

中国青少年篮球教学训练指导手册
ZHONGGUO QINGSHAONIAN LANQIU JIAOXUE XUNLIAN ZHIDAO SHOUCE
中国篮球协会　编著

出版发行：北京体育大学出版社
地　　址：北京市海淀区农大南路1号院2号楼2层办公B-212
邮　　编：100084
网　　址：http://cbs.bsu.edu.cn
发 行 部：010-62989320
邮 购 部：北京体育大学出版社读者服务部 010-62989432
印　　刷：北京瑞禾彩色印刷有限公司
开　　本：710mm×1000mm　1/16
成品尺寸：170mm×240mm
印　　张：12
字　　数：200千字
版　　次：2021年8月第1版
印　　次：2024年6月第6次印刷
定　　价：69.00元

（本书如有印装质量问题，请与出版社联系调换）
版权所有·侵权必究

《中国青少年篮球教学训练指导手册》
编委会

编委会主任

姚 明

编委会成员

薛云飞　宋晓波　曹燕飞　张广龙　高宇航

主　编

谭朕斌

编　委

（按姓氏笔画排序）

付　全　张莉清　陈　钧　薛正武

序一

尊敬的各位篮球从业者：

非常高兴你们在众多的篮球教学训练用书中选择了这本手册。当今的中国正在从体育大国向体育强国迈进，迎接着经济繁荣、社会进步、文化体育事业发展的大好机遇。2020 年 8 月 31 日国家体育总局和教育部共同签发了《体育总局 教育部关于印发深化体教融合 促进青少年健康发展意见的通知》，青少年体育工作受到前所未有的关注和重视。在此推动下，体育的教育功能将得到进一步的强化。"少年强，则中国强"，"少年篮球强，则中国篮球强"。青少年是篮球教学与训练的关键阶段，能否在正确的篮球教学与训练理念的指导下，按照青少年的成长和发育规律合理地安排教学与训练，对青少年的未来成长起着至关重要的作用。

本书面向社会群体范围较为广泛，既可以是篮球的初学者，也可以是篮球专业教练员，抑或是体育教师。本书借鉴了欧美等国家现今通用的青少年教学理念，对国际先进的青少年篮球教学训练理念和规律、训练阶段和训练提示进行了归纳总结，并加以糅合和创新，用于满足广大篮球从业者的理论和实践需求。

中国篮协非常重视本书的出版。其中，青少部为本书的撰写做了大量的协调工作，青少年委员会的委员们从查找国外资料到翻译、图片等方面给予了很多支持。本书的主编谭朕斌老师和编委们也倾注了大量心血，使创作的原创性得到专家们的肯定。本书初稿经历了多次讨论修改，感谢马连保（国青男篮前主教练、八一女篮前主教练）、李楠（中国篮球协会青委会副主任、江苏肯帝亚篮球俱乐部主教练）、陈德春（中国篮球协会青委会副主任、上海市篮球协会副会长）、张劲松（中国篮球协会青委会常委、国青男篮前主教练）、李昕（国青女篮教练）、郑秀琳（国家 U18 女篮主教练）、刘军（国家 U17 女篮主教练）、国家 U17 男篮等队伍的教练员们和专业人士给出的中肯意见；感谢宋晓波（中国篮球协会青委会主任）、单曙光副教授（武汉体育学院）提供的宝贵修改意见；同时，还要感谢其他参与审稿的各位专家学者和各类院校的基层篮球教练员们。

希望这本书在实践中不断地改进和完善，更符合大家的需要，让更多的青少年从篮球中收获快乐和成就。

中国篮球协会

2021 年 2 月 22 日

序二

　　从儿时起，篮球就伴随我的生活。我与我人生的挚友大都是因篮球而结缘。篮球运动于我而言，已然是人生的一部分。在与篮球运动相伴的过程中，我认识和理解的篮球已不仅是一项受到全世界广泛喜爱的运动，更是一种积极向上、相互尊重、勇于担当、勇于接受挑战的生活方式。对于篮球的这种热爱让我期待更多的人，尤其是年轻人了解和参与这项运动，这也成为我把本书推荐给大家的初衷。

　　相信每一个深爱篮球运动的人都有体会，篮球运动蕴含着一种参与者共同的"信仰"，包括公平和尊重奠定的基础，由勇气和自信带来的激情，以团队成员间的信任和包容为纽带带来的成就感……篮球的魅力，尽在其中。希望每一个引领青少年步入篮球世界的教练员朋友，能够在帮助青少年认识篮球之初，用篮球的魅力去感召他们、鼓舞他们，相信这样的"鼓舞"会成为他们永不放弃努力的动力和贯穿其一生的宝贵精神财富。先去热爱，应该是学习之前的应有之义。

　　篮球同时也是一项激烈的竞技运动，有独特的技术能力培养规律。无论从青少年身体成长的阶段性差异考虑，还是为了让青少年能够在科学、系统的训练过程中稳定而扎实地提升自身的篮球运动技能，遵从这个科学、客观的培养规律，都是极其必要的。总结和归纳具有丰富实践经验的专业球员和教练员的共同感悟，并使之成为一个适用于青少年篮球运动教育的方案，是本书的目的。

　　无论作为一名运动员，还是作为一名工作多年的篮球教练员，我都能深切感受到一名篮球教练员对球员和球队的重要性，以及无论在比赛还是训练中，他所起到的不可或缺的巨大作用。希望本书能够帮助使用它的每一位青少年篮球教练员理解自己的职责和重要性，帮助教练员科学、高效地指导日常训练，并祝愿每一位教练员在未来能拥有"桃李满天下"的收获和成就感。

　　本书的编写得到了众多国内优秀篮球教练员、运动员的指导。书中不仅结合了他们的训练经验，还广泛吸收了国际一流的青少年篮球教学训练的理念和方法。因此，我们有理由相信，本书对热爱篮球运动的青少年朋友是大有裨益的。

　　能够借助这样一个机会，从运动员和教练员的角度，把自己多年来对于青少年篮球教育的感受，以作序的形式与大家分享，是一件让我倍感荣幸和开心的事。对篮球的热爱伴随了我的人生，希望每一个读到本书和用到本书的人都能够和我一样，体会到篮球带给自己的快乐和激情。

宋晓波
2021 年 6 月 8 日

前　言

篮球运动健身功能强、教育价值高、运动趣味浓厚、场地器材简易，深受广大青少年喜爱，具有广泛而扎实的普及基础，是我国各级各类学校体育教学的基本内容之一。开展青少年篮球运动是培养运动兴趣，增强体质，健全人格，磨炼意志，掌握篮球运动基础知识、基本技术、基本战术，增加我国篮球人才数量，提高其质量的重要途径。但目前我国青少年篮球运动缺少具体的教学内容设计，更缺少不同阶段之间循序渐进、有机衔接的篮球教学训练目标体系及内容体系。为帮助篮球教师及教练员合理选择篮球教学训练内容，有效开展篮球教学训练活动，特编写《中国青少年篮球教学训练指导手册》。

《中国青少年篮球教学训练指导手册》遵循教育教学规律、青少年生理与心理发育规律、运动技能形成规律及篮球运动发展规律，科学合理地划分青少年篮球教学训练发展的不同阶段，详细规划青少年篮球教学训练不同发展阶段的教学训练目标、教学训练内容（包括基本运动能力、基本篮球技能、身体发展、心理及认知发展、情感发展等）、教学训练要点，以构建系统而科学的青少年篮球教学训练目标体系和内容体系，对不同发展阶段的教学训练提出针对性的建议。本书为中国青少年篮球运动发展提供一个科学而系统的培养模式，为青少年篮球教师、教练员及管理者提供篮球教学训练的宏观指导和统一的篮球价值观，为广大青少年篮球教师和教练员设计篮球教学训练、组织教学训练活动提供有效帮助和参考。

这是一个不断改进完善的文本，它将持续注入新的理念和内容。

编委会
2020 年 12 月 20 日

注：本书中"学龄前儿童"特指 3~6 岁年龄段，"少儿"特指 6~12 岁年龄段，"青少年"泛指 3~18 岁年龄段。

图 例

④　　　　　4号进攻队员
④·　　　　4号进攻队员持球
④　　　　4号防守队员
⊗　　　　　教练员
▲　　　　　标杆
--‣　　　　传球
～～➤　　　运球
——╫➤　　投篮
——➤　　　队员移动
———(　　　掩护
——( )——　夹击

目　录

第一章　青少年的篮球价值观
一、文化与信仰 1
二、团队合作 3
三、尊重 3
四、体育精神与公平 4
五、积极的态度 5
六、自信 5
七、永不放弃 6
八、身心健康 6

第二章　青少年篮球教练员的基本职责与执教要求
一、青少年篮球教练员的基本职责 9
二、青少年篮球教练员的执教要求 11

第三章　青少年篮球教学训练发展阶段的划分
一、启蒙阶段 16
二、基础阶段 17
三、专项学习阶段 18

四、专项训练阶段 19

　　五、专项提高阶段 20

　　六、小结 21

第四章　青少年篮球不同发展阶段教学训练的内容与指导

　　一、启蒙阶段：3~6岁（男、女）.................................... 23

　　二、基础阶段：6~8岁（女）、6~9岁（男）............................ 30

　　三、专项学习阶段：8~11岁（女）、9~12岁（男）...................... 37

　　四、专项训练阶段：11~15岁（女）、12~16岁（男）.................... 43

　　五、专项提高阶段：15~18岁（女）、16~18岁（男）.................... 58

第五章　青少年篮球不同发展阶段教学训练要点及方法示例

　　一、启蒙阶段：3~6岁（男、女）.................................... 68

　　二、基础阶段：6~8岁（女）、6~9岁（男）............................ 73

　　三、专项学习阶段：8~11岁（女）、9~12岁（男）..................... 100

　　四、专项训练阶段：11~15岁（女）、12~16岁（男）................... 122

　　五、专项提高阶段：15~18岁（女）、16~18岁（男）................... 158

参考文献 180

第一章 CHAPTER 1
青少年的篮球价值观

　　篮球价值观就是人们对篮球运动价值的根本看法。人们在不同的篮球价值观的引导下，会形成不同的价值取向。篮球运动具有很好的教育功能和教育价值，能有效地促进青少年个人及社会价值的发展。青少年通过参与篮球运动可以学会永不放弃、在困境中持之以恒，可以学到为了团队利益而担负起责任及义务，学会如何团队合作、尊重他人，懂得胜利和失败都是成长过程的一部分。因此，在青少年篮球教学训练中培养并树立正确的篮球价值观至关重要。正确的篮球价值观不仅支配和制约青少年篮球运动员在篮球比赛中的各种行为，而且直接影响青少年的全面健康成长。

一、文化与信仰

1. 篮球的陪伴
　　对于每一位热爱篮球的青少年来说，篮球不仅仅是兴趣爱好，更是一位好朋友，陪伴青少年成长，并成为他们的终身运动。

2. 精神文化
　　篮球运动是一种体育竞赛项目，浓缩着诸多文化元素，包括身心健康、团队合作、遵守规则与追求公平、自信力、永不放弃、做事态度等。

3. 信仰的力量
　　信仰伴随人的一生。当身处困境感受最艰难、最无奈、最难熬的时刻，信仰会帮助自己克服一切困难。

二、团队合作

1. 强调团队合作的重要性

篮球是一项集体运动，永远不可能靠个人取得胜利，需要与同伴合作才能获得成功。

2. 各司其职、各负其责

一个团队的合作好似一台机器的运转。篮球运动强调个人的责任感，确保每个人都做好自己。每个人都像零件一样发挥着自己的功效，这样机器才能正常运转。

3. 信守承诺和承担责任

作为团队的一员，要求青少年在球场内外都成为遵守诺言的人，认真地对待每一件事，对自己的行为负责，充分认识到个人的行为都将影响到整个团队。

三、尊重

1. 尊重比赛、尊重规则

将尊重的理念从始至终地传达给青少年，让他们深知无论场上还是场下都要遵守规则，尊重比赛和工作人员。

2. 尊重教练员、尊重队员

青少年应该尊重教练员，教练员为了执教花费了大量的时间与心血；教练员也应当尊重队员，教练员的本职就是帮助队员提高水平。教练员与队员之间的相互尊重在于相互理解与倾听，并彼此信任。

3. 尊重队友、尊重自己、尊重对手

队友往往会成为队员生活中的挚友，只有有效的沟通与交流才能将一个球队拧成一股绳，只有无私的奉献才能成就集体的荣耀。青少年也应该尊重自己，既不卑躬屈膝，更不允许别人歧视与贬低自己。没有对手，就没有篮球比赛，无论比赛输赢，都要尊重对手。

四、体育精神与公平

1. 赢球时

强调"胜不骄"。比赛中比分领先时的骄傲情绪极易产生懈怠效应，最终可能导致胜负的反转；必须防止骄傲情绪的蔓延，对嘲弄对手的行为要及时制止并批评教育。

2. 输球时

强调"败不馁"。比赛失利往往伴随着失望的泪水，应将失利当成对队员的历练，帮助青少年树立正确的胜负观，胜利的意义在于全力以赴。拥有体育精神并不是不在乎输赢，而是既力争胜利，又不怕失败，输也要体现出是在为荣誉而战。

3. 全力争胜，但要赢得堂堂正正

篮球比赛全力争胜无可非议，但不论在赛场内外，胜负都不应当比展现正直的品格更重要。

4. 公平

既要平等地对待每一名队员，又要针对不同队员的特点因材施教。篮球规则保证比赛的公平、乐趣与安全，在破坏了公平竞争规则之下获取的胜利无任何成功乐趣可言，在篮球运动与生活中遵章守法至关重要。

五、积极的态度

1. 保持篮球运动的趣味性，将基本功训练与趣味性有机结合

当队员感受到篮球运动的乐趣时，便会大大提高篮球教学训练的效果。要充分运用游戏和竞赛来增加基本功训练的趣味性。

2. 保持耐心，学习篮球（执教篮球）是一个长期过程

只有通过长期努力的训练，运动技能才会得到不断的提高，教练员要对自己和队员都保持足够的耐心。

3. 激励、热情和正能量至关重要

教练员要采用积极乐观的方式传播正能量，鼓励队员，有意识地使自己处于一种积极的状态来感染队员，特别是当队员进步时，要通过不断地褒奖来肯定他们。教练员要注重努力的过程而不是最终结果。

4. 始终保持积极向上

在篮球训练和比赛中时常会出现差错，比如判断失误或交流出现问题，这时同伴间应该相互激励。始终以积极的态度对待自己和同伴不是一件容易的事，但是积极的态度有助于球队更快地渡过难关，并使全队变得更加强大。

六、自信

1. 自信是发自内心相信自己能够达成特定的目标

自信是一个内化的过程，对于达成目标的困难度以及达成目标所需的能力具有准确的判断，自信心的建立来自目标的达成。

2. 篮球运动有助于提高自信心

对于青少年来说，自信非常重要，自信帮助队员在比赛中正确面对压力，在生活中帮助青少年面对任何困难，增强自信心。青少年在面对挑战时常常没有自信，篮球运动能帮助青少年在心理发展上强化其应变能力，增强自信心，使内心变得更加强大。

3. 自信来自刻苦训练

如果队员在训练时全身心地投入，那么他将在比赛时备感自信。在训练中，对每次练习的全力投入都将使队员感到离成功更近一步。队员获得的信心越多，就越愿意投入更多，从而不断提高自己的水平。

七、永不放弃

1. 永不放弃的品质至关重要

篮球运动有助于发展青少年永不放弃的人格品质。队员经历困境是锤炼永不放弃品质的最好时机，教练员若能给予适当的鼓励和奖励，便能够帮助队员养成永不放弃的优秀品质。

2. 青少年受急功近利的影响常常半途而废

当不喜欢做某件事情时，青少年可能会选择放弃；当某些事情让青少年感到不舒服时，他们可能会选择半途而废；当事情变得太过复杂时，他们有可能会放弃努力。参与篮球运动是一个绝佳的教育机会，可使青少年通过自身努力和坚持不断获得成就感，这对青少年养成永不放弃的品质至关重要。

八、身心健康

1. 健康的生活方式

篮球运动对于青少年的影响不仅限于专项本身，而是体现在方方面面，尤其是对其身体的发展。教练员应当让队员懂得珍惜自己身体的重要性，包括健康的膳食、良好的卫生习惯等。

第一章 青少年的篮球价值观　7

2. 明智的决定是心理健康的表现

身体的健康是重要的，但正常的情绪与健康的社交更为重要。**通过篮球运动所培养和树立的正确价值观会使青少年在球场内外都做出明智的决定。**

3. 平衡的生活方式

对生活的热爱应当与对篮球运动的热爱一样。过度的训练和比赛将导致疲惫与伤病，即使队员一刻也不想停歇，也应该保持身体健康和保证足够的休息时间，以继续篮球运动生涯并不断取得进步。暂时离开运动场，投身到其他活动中也是十分重要的，它将会使青少年更加全面健康发展。

第二章 CHAPTER 2
青少年篮球教练员的基本职责与执教要求

青少年篮球教练员从事的是一项繁重但非常有意义的工作。教练员通过在篮球教学训练中指导青少年，教会青少年重要的运动技能及生活技能，这些技能将一直伴随青少年成长。要想成为一名合格的青少年篮球教练员，就必须在教学训练过程中尽职尽责地用正确的价值观影响队员。公平对待每一位队员是教练员的责任和义务，**培养优秀的队员和帮助球队取得胜利是教练员工作的最终目标。**

一、青少年篮球教练员的基本职责

1. 身体力行成为青少年的榜样

作为一名合格的青少年篮球教练员，要具有强烈的事业心和高度的责任感。青少年篮球教练员有**两个基本任务**，即对青少年的教育和对篮球教学训练过程的调控。教练员要在自身修养、对待工作和生活的态度方面都严于律己，以身作则，使自己成为青少年的榜样。

2. 科学设定教学训练目标

教学训练目标应包括比赛胜利和队员培养两方面。**要避免"为了比赛胜利不择手段"的锦标主义**，不要忘记在追求比赛胜利之上还有更长远的教育培养目标。教练员在最大限度地挖掘青少年运动能力的同时，更要注重其人格的健全和完善。与队员共同设定教学训练目标有助于向青少年传授正确的篮球价值观和重要的生活技能。设定教学训练目标时应注意以下几点：

（1）队员必须明确所追求的目标。

（2）队员应有足够的自信完成所设定的目标。

（3）所设定的目标是可量化的。

（4）队员对设定的目标是渴求的。

3. 肩负着多种不同的角色

（1）传播知识的教师。青少年篮球教练员是队员的师长，具有传授篮球运动基本知识和技能的责任，应不断提高自己的篮球素养，丰富和探寻新的篮球运动教学内容及方法来吸引队员，在传授篮球基本技能的同时，传播正确的篮球运动价值观。

（2）组织教学训练的训练师。青少年篮球教练员必须掌握教学训练的基本知识和技能，并学习如何传授这些知识和技能，即提高执教能力，将所掌握的篮球知识和技能以队员可以理解的方式来组合与教授。

（3）主持公正的"法官"。青少年篮球教练员要公平对待每一名队员，公正地处理训练、比赛、球队管理等各项事务，将有助于增强球队的凝聚力和战斗力。

（4）**生活中的顾问和导师**。青少年篮球教练员是队员的导师，其言行举止影响队员的性格和品德的形成，对队员的影响是长期而深远的。教练员的职责不仅仅是组织教学训练，更重要的是成为队员可以信任的人生导师，帮助队员确定人生目标，为其指明人生方向。

4. 组织与建设球队

教练员能否成功地建设好一支球队是其领导才能的重要体现。教练员通过合理地组织教学训练，向队员渗透自己的篮球理念、培养他们良好的学习训练习惯、做好周密的赛前准备、调整良好的竞技体能状态等手段来达到球队建设的目标。

（1）**建立执教理念是核心**。当面对篮球初学者时，教练员的核心理念是乐趣。教学训练的计划应当包含青少年的篮球价值观，要将教练员的品格、经验和思想融入自己的篮球理念中，并将篮球理念转化为球队建设的具体思路，制订切实可行的目标，制订具体的训练计划。

（2）**树立共同的球队目标**。球队建设的任务就是鼓励队员成为球队的主人，只有成为球队的主人，才能对球队负有责任感，才能对球队在比赛中的胜负负责。队员在训练中必须明确目标，按训练计划循序渐进。

（3）**营造和谐的球队环境**。教练员的职责不只是进行技术指导，还要与队员、管理人员、裁判员等建立良好的人际关系。和谐的球队环境有助于教练员与队员建立融洽的人际关系，而融洽的人际关系可加强球队的团结协作，充分挖掘球队的潜能，提高整体战斗力，保证球队的持续发展。

二、青少年篮球教练员的执教要求

1. 保持积极的工作态度并严于律己

教练员的工作态度直接影响队员的学习训练状况，因此，教练员必须始终热情饱满，精力充沛。教练员的努力程度对激励队员参与训练至关重要，要将热情和创造力融入每一次练习、每一堂训练课，以积极乐观的方式来鼓励队员学习训练。叱骂和暴力对队员技能的提高和心理的成长都是不利的，教练员通过言语攻击或身体暴力不能保证队员技术的进步和完善人格的形成。粗话和暴力不能成为指导的手段。教练员要把队员放在第一位，必须严于律己，采取负责任的指导行为。

2. 培养青少年树立正确的篮球价值观

正确的篮球价值观不仅支配和制约青少年运动员在篮球比赛中的各种行为，而且直接影响青少年的全面健康成长。在日常的篮球教学训练和比赛中，**要潜移默化地向青少年运动员不断传达正确的篮球价值观**，正确面对比赛的胜与负，强化体育精神的重要性，在传授篮球运动价值的基础上促进青少年全面发展。

3. 制订科学合理的教学训练计划

教练员在制订教学训练计划时，要了解每一名青少年的技能、体能、认知、情感等方面的具体情况，科学合理地安排演示、讲解及训练的时间。青少年注意力集中的时间短，应精讲并突出重点。**面对初学者，教练员的第一要务永远是让训练变得有乐趣**，让他们在愉悦中享受篮球运动，以激发他们主动投入学习训练。设计教学训练内容和方法应遵循以下原则：

（1）练习要遵循青少年身心发育特点。

（2）练习设计让所有队员都参与。

（3）练习具有趣味性和激励性。

（4）练习是安全且易于操作的。

（5）保持练习内容的延续性和渐进性。

（6）练习要结合比赛设计。

4. 重视基本功训练并保持耐心

青少年在训练和比赛中常常会出错，教练员的工作就是帮助队员在错误中提高和成长，队员只有通过长期努力的训练，运动技能才会得到不断提高，教练员要对自己和队员都保持足够的耐心。同时，教练员要重视基本功训练，帮助队员熟练地掌握篮球基本功。**青少年教练员要严、要爱、要耐心、要等待！**

5. 因材施教组织教学训练

了解青少年的学习方式及特点并为之制定针对性的教学训练方法至关重要。教练员在组织教学训练时应注意以下几点：

（1）教学训练内容能引起队员的注意及重视，使队员产生对学习的渴求心理。

（2）营造安全的教学训练环境，保障队员的身心健康。

（3）注意及时鼓励队员，关注队员的情绪，解决队员之间的矛盾。

第二章 青少年篮球教练员的基本职责与执教要求

（4）随时关注球队中出现的欺辱行为并及时制止。

（5）注意讲解技术动作在实战中的运用和动作的延伸。

（6）运用多面示范、快慢速及正常速度示范，小年龄段甚至要有夸张示范。

（7）及时纠正错误动作，让队员正确重复每一个动作。

（8）课后应对每一名队员评价有度，并及时与家长建立沟通。

6. 不断提高理论水平和执教能力

作为一名合格的青少年篮球教练员，要具有较丰富的理论知识储备和较高的执教能力。篮球教学训练方法多种多样，对某位教练员或队员行之有效的方法可能对其他教练员或队员并不一定有效。对篮球运动知识懂得越多，就能将教学训练准备得越充分。教练员可以通过以下方式不断丰富与优化篮球理论知识，提高执教能力。

（1）加入当地的篮球协会或教练员协会来分享自己的篮球理念与执教经验，与其他教练员一起观摩教学训练并进行交流分享将有助于自身的不断提高。

（2）创建一个包括教学训练及比赛计划的日记，以及制订这些计划的想法与理念，并及时总结训练及比赛的心得。

（3）查阅各种篮球文献和互联网站。互联网上有许多关于篮球运动的书籍和资源，教练员应当充分利用这些免费的、海量的篮球资源来不断学习与提高。

第三章 | CHAPTER 3
青少年篮球教学训练发展阶段的划分

对青少年篮球教学训练发展进行阶段划分，其目的是使所有参与篮球运动的青少年都能在适合的年龄阶段获得适当的基本技能。不同的发展阶段有一定的重叠，从一个阶段过渡到下一个阶段的过程是灵活的，而非完全隔离。**发展阶段的划分可以帮助青少年篮球教师和教练员对教学训练进行科学而全面的规划，并在教授基本运动技能、篮球技能、身体发展、心理与认知、情感发展等方面与我国篮球运动员的培养模式和要求结合起来。**为了使青少年在不同发展阶段都能取得良好的教学训练效果，教学训练内容与方法的选择应该遵循每个阶段的独特特征。青少年篮球教学训练共分为以下五个发展阶段（图 3-0-1）：

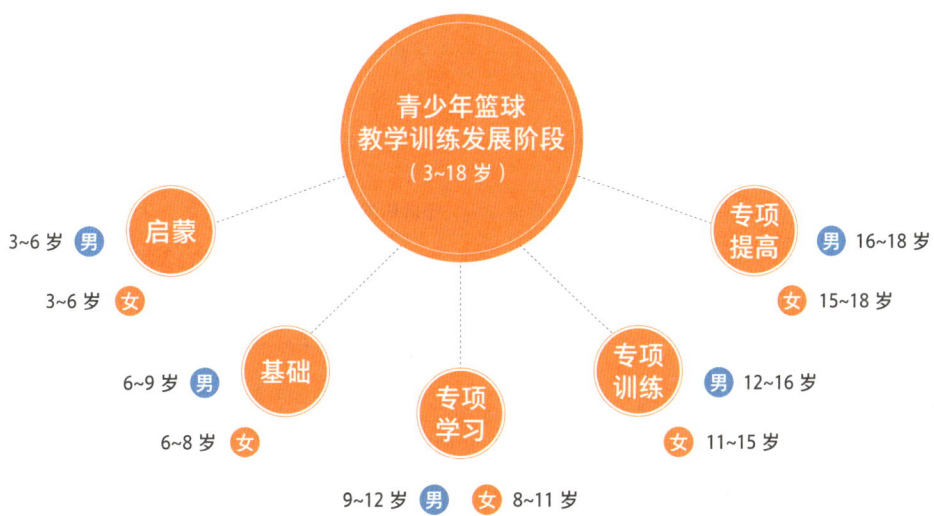

图 3-0-1　青少年篮球教学训练发展阶段的划分

一、启蒙阶段

1. 年龄段

此年龄段包括 3~6 岁的学龄前儿童。

2. 目标

利用趣味游戏学习身体活动的基本动作及篮球基本动作。启蒙阶段的体育活动必须是有趣的，应该成为学龄前儿童日常生活的一部分，而不是强制进行的。积极而有趣的游戏是身体活动的主要方式，此阶段的篮球活动应避免专业化的教学形式和要求（图 3-1-1）。

图 3-1-1　体育活动对儿童健康发展的作用

3. 教学训练内容

（1）基本运动动作：专门设计针对身体不同部位的练习，如脚、腿、臀、腰、手臂、手和头等的协调组合，发展良好的身体姿态和平衡能力，帮助学龄前儿童拥有强壮的骨骼和肌肉，提高灵活性，促进达到健康的体重。

（2）基本篮球动作：滚、绕、运、传、投等最基本的篮球动作，主要培养学龄前儿童对篮球的感觉。

二、基础阶段

1. 年龄段

此年龄段包括6~8岁（女）、6~9岁（男）的少儿。

2. 目标

利用趣味篮球游戏教授基本的运动技能，介绍基本的篮球技能；利用特殊规定的小型而有趣的篮球比赛（一对一、二对二、三对三、四对四）来巩固基本的运动技能和基本的篮球技能。

3. 教学训练内容

（1）基本运动技能：推、拉、蹲、跨、弯曲、扭转及三种步法——走、慢跑和冲刺，将这些基本运动动作组合，能有效地训练敏捷、平衡、投掷、跳跃等基本活动能力。重要的是要提高从三维空间，即前后、左右、上下等不同方向进行运动的能力。

（2）基本篮球技能：基本姿势、脚步动作、运球、传接球、投篮。进一步强调能从不同方向（前后、左右、上下）完成这些技能的重要性，并注重培养少儿对篮球运动的兴趣和热情；设计有趣的篮球比赛，培养少儿在竞赛中运用技术的简单决策能力，以及最基本的攻防原则（图3-2-1）。

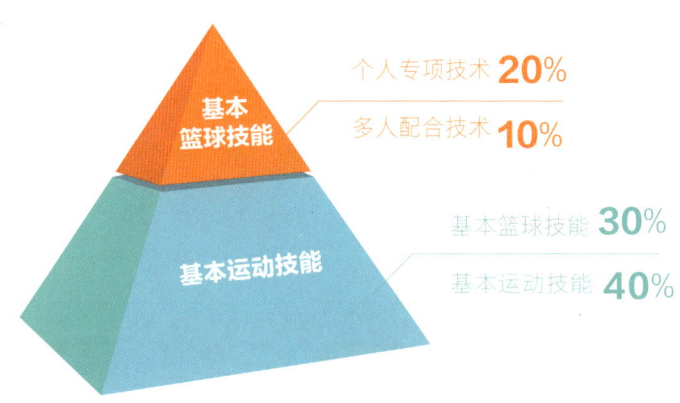

图3-2-1　基础阶段教学训练内容比重

三、专项学习阶段

1. 年龄段

此年龄段包括 8~11 岁（女）、9~12 岁（男）的少儿。

2. 目标

开始强调篮球专项技能的提高，但仍然要重视基本技能的训练。可以学习一些适合其年龄段的简单攻防策略并运用于团队比赛，重点是提高在比赛情景下的篮球基本技术运用能力，特别要注重培养正确运用技术的决策能力。篮球专项技术训练包括个人技术和多人配合技术；基本策略重点介绍基本的进攻和防守理念，如保持合理的场上空间、了解团队合作等。

3. 教学训练内容

（1）基本运动技能：速度、柔韧性、灵活性、协调性、反应能力、身体控制能力、功能力量、肌肉耐力等。

（2）基本篮球技能：学习并改进移动、传接球、运球、投篮、突破、防守、抢篮板球等技术。在传球中加强运球结合传球的练习，加强多种方式的投篮练习，如运球急停投篮、接球急停投篮、各种方式的左右侧上篮，加强持球突破与运球突破练习，提高防持球、防运球、防接球等个人防守能力，学习抢攻防篮板球技术。

（3）基本攻防策略：基本的进攻和防守理念，如保持合理的场上空间，进攻中传切、跑动、突分；防守有球和无球队员的原则，快速回防等。（图 3-3-1）

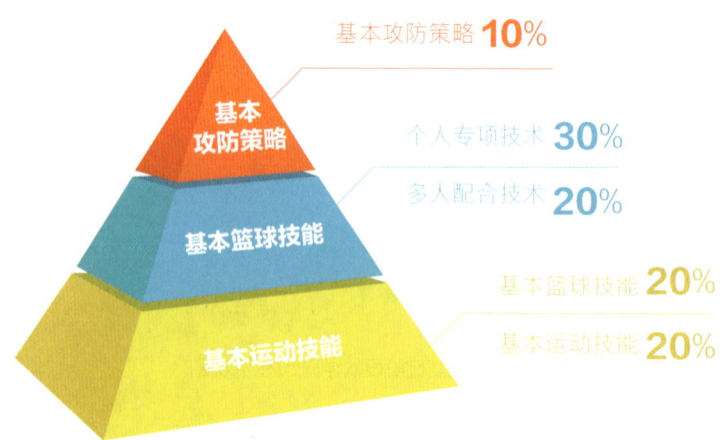

图 3-3-1　专项学习阶段教学训练内容比重

四、专项训练阶段

1. 年龄段

此年龄段包括 11~15 岁（女）、12~16 岁（男）的青少年。同时，此年龄段分为专项训练阶段 1：11~13 岁（女）、12~14 岁（男）；专项训练阶段 2：13~15 岁（女）、14~16 岁（男）。

2. 目标

（1）专项训练阶段 1：强调进一步**完善基本运动技能和巩固篮球专项技术**，并学习篮球基础配合和基本战术。

（2）专项训练阶段 2：**改进篮球专项技术与配合，重点培养队员的创造性意识**。意识是由习惯决定的，好的习惯是长期训练形成的条件反射。将各种专项技术组合并形成系统打法以形成战术配合，同时允许队员根据场上具体攻防情况做出合理的个人决策，提高应变能力，针对性地采取个性化训练以提高队员的篮球专项技能。此外，还要介绍基本的攻防策略，学习转换进攻、全队攻防的战术配合。

3. 教学训练内容

（1）基本运动技能：巩固改进基本运动技能，提高身体控制能力及力量在篮球技术中的运用。

（2）基本技术：进一步学习并改进传、运、投、突、抢、移等基本技术，发展一打一能力、内外线有球和无球移动、防守有球和无球队员、抢断球等技术，提高运用技术的决策能力和应变能力。

（3）基本攻防策略：进一步发展基本的进攻和防守理念，培养转换进攻和转换防守的意识，提高转换进攻和转换防守的决策能力，介绍全队攻防的基本策略。

（4）基本战术：传切、突分、掩护、策应等配合应结合传球与投篮来训练，加强协防、补防、轮转、夹击等防守基础配合的训练。学习转换进攻与转换防守、阵地进攻与防守战术，在本阶段末，学习区域进攻/防守、紧逼/破紧逼战术。（图 3-4-1）

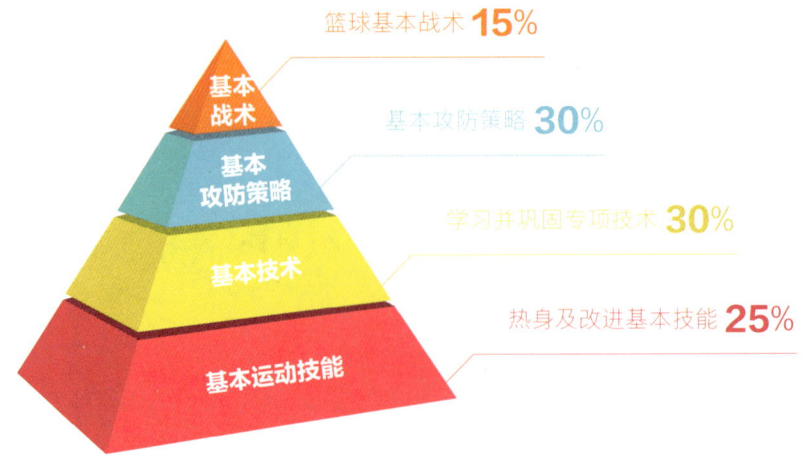

图 3-4-1　专项训练阶段教学训练内容比重

五、专项提高阶段

1. 年龄段

此年龄段包括 15~18 岁（女）、16~18 岁（男）的青少年。

2. 目标

主要是**提高队员在各种情况下的比赛能力**。队员的篮球专项技术应该达到熟练运用的程度，并进一步发展队员的个人技术特长，学习并掌握主要的攻防策略。将各种不同的专项技术组合形成系统打法，并发展为基本策略，允许队员根据场上具体攻防情况做出合理的个人决策，提高应变能力，并掌握转换攻防、全队攻防的比赛策略。同时要全面规划队员的篮球生涯，制订科学合理的个性化训练计划。

3. 教学训练内容

（1）基本运动技能：巩固改进基本运动技能，提高体能，为技术战术训练及比赛对抗做准备。

（2）基本技术：区分队员位置，优化个人技术特长，进行高强度的专项训练，学会在各种情况下进行比赛的技能，即比赛中什么时候使用什么技术，在使用中应注意哪些问题等都要在训练中体现和强调。

（3）基本攻防策略：全面发展全队进攻理念和全队防守理念、转换进攻及转换防守策略，进一步提高个人攻防决策能力和应变能力。

（4）基本战术：全面学习并改进全队进攻与防守战术、转换进攻和转换防守战术、特殊情况下的战术（比分胶着时刻战术、追分时刻战术、暂停之后战术、比赛最后时刻战术），提高在各种竞争条件下运用战术的能力。（图 3-5-1）

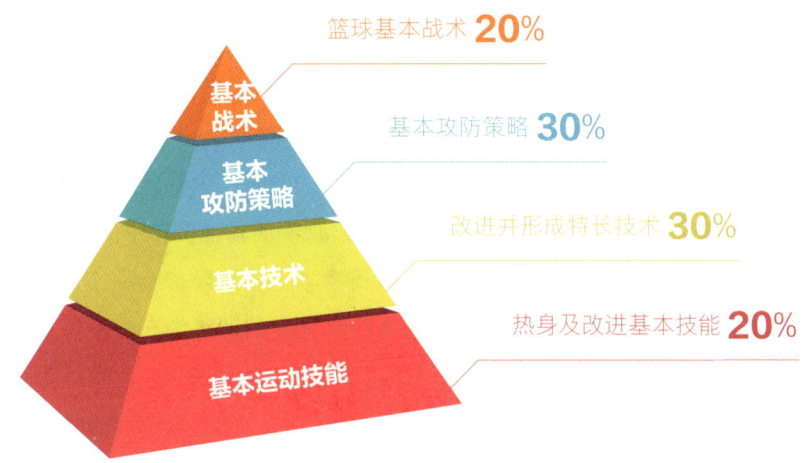

图 3-5-1　专项提高阶段教学训练内容比重

六、小结

每个人在自我实现的过程中都会选择一条独特的路，从参与其中获得乐趣到在最高级别比赛中赢得奖牌，竞技能力是逐渐提高的，与之密切相关的是参与者的年龄及技能水平。对于少儿来说，享受乐趣和积极参与篮球运动是最为重要的。随着年龄的增长及专项技能的提高，竞技比重会适当增加。然而到达某一特定阶段，大多数参与者会退出竞争激烈的竞技篮球运动，回到竞争不太激烈的群众篮球运动，享受篮球运动的乐趣，锻炼身体以健康生活。

青少年篮球教学训练发展阶段的划分是以生理学为基础的，人们不能随意改变生长发育的客观规律，使人的机能快速发展。青少年发育成熟时间不尽相同，研究表明，青少年的肌肉、骨骼和情感发展在任何特定的年龄段都会有很大的差异，教学训练内容应根据青少年的身体发展水平进行相应调整。体育活动应该是有趣的，是青少年日常生活中必不可少的一部分，积极的玩耍是少儿身体活动的方式。运动员的全面发展始于 6 岁左右，对于 6~9 岁的少儿来说，获得基本的运动技能尤为重要。这个阶段被称为整个训练过程的基础阶段，少儿应该在所有活动中都充满乐趣，**要全面发展基本的身体、情感、认知和心理技能，而这很容易被缺乏经验的教练员所忽视。**教练员必须懂得，在少儿发展的每个阶段都有特定的运动技能，应当在适当的时间段学习相应的运动技能，以确保运动员在未来能够挖掘出全部竞技潜力。遵循青少年篮球教学训练各发展阶段的目标要求，教练员就能够取得良好的训练效果。

专项学习阶段在基础阶段之后，这是主要的运动技能学习阶段，常被称为"技能饥渴期"或"学习的黄金期"。**少儿发育最重要的时期之一是 9~12 岁**，在此阶段，少儿在发育上已经做好了获得基本运动技能的准备，这是所有运动发展的基础。此外，应强调学习基本的篮球技能，但仍鼓励参加其他多种不同的运动项目。

专项训练阶段在专项学习阶段之后，队员将学习多种篮球专项技术，但**仍然要强调基本运动技能的发展，以使队员在之后高强度的训练中充分发挥其运动潜力。**队员随着年龄增长而逐渐成熟，比赛与训练的比重渐渐偏向比赛，重点也从发展转移到赢取比赛胜利。教练员往往过于强调比赛成绩而对基础的教学训练不够重视，即使在练习过程中，有时也会把注意力转移到实战运用及比赛上，但**必须强调要培养全面发展的篮球运动员。**

专项提高阶段应该应用身体和心理训练，向队员介绍篮球比赛所涉及的各方面的内容，逐步完善所有的专项技能和大多数战术内容。队员可以开始高水平的训练，并在高质量的比赛中磨炼以提高竞技水平。**在所有的训练中都应保持高强度，针对性的个性化训练最为重要。**（图 3-6-1）

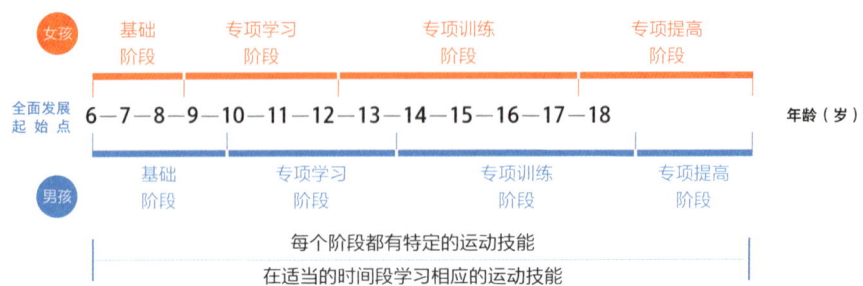

图 3-6-1 男、女青少年篮球教学训练不同发展阶段的年龄段

第四章 CHAPTER 4
青少年篮球不同发展阶段教学训练的内容与指导

本章遵循教育教学规律、青少年生理与心理发育规律、运动技能形成规律及篮球运动发展规律，详细规划青少年篮球不同发展阶段的教学训练目标、教学训练内容，包括**基本运动技能、篮球专项技能、身体发展、心理和认知发展、情感发展等**，以构建系统而科学的青少年篮球教学训练目标体系和内容体系，并对不同发展阶段的教学训练提出针对性的指导与建议（图4-0-1）。

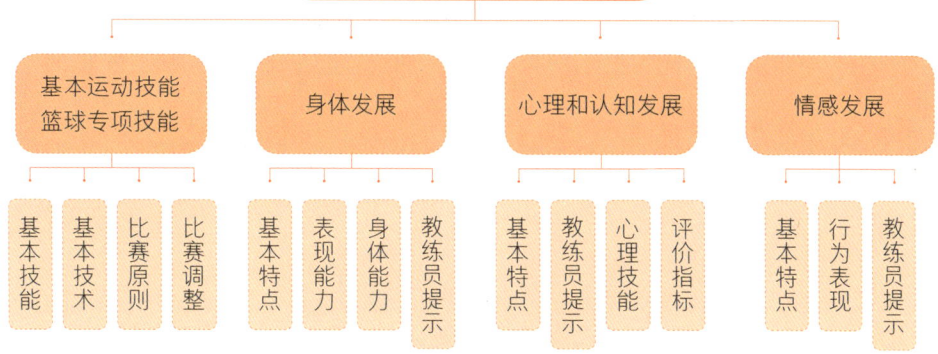

图4-0-1 青少年篮球不同发展阶段教学训练的内容与指导

一、启蒙阶段：3~6岁（男、女）

启蒙阶段的体育活动必须是有趣的，积极而有趣的游戏是学龄前儿童身体活动的主要方式。小篮球运动涵盖走、跑、跳、投等多种身体基本运动形式，是非常适合学龄前儿童的活动项目，不仅能促进学龄前儿童的身体健康和生长发育，而且有利于学龄前儿童认知、情感和社会化能力的全面发展。有研究表明，学龄前儿童积极参加体育运动比静坐少动在今后更容易取得优异的学业成绩。注重学龄前儿童的智力开发固然重要，但最好的智力开发手段是让其积极参与到体育运动中，参与到小篮球运动中。

（一）基本运动技能

1. 学龄前儿童参加篮球活动的目标

- 以篮球作为体育活动的载体，促进学龄前儿童的身体及智力发育。
- 结合该年龄段儿童的生长发育特点和规律，抓住敏感素质的培养，提高敏捷性、协调性、平衡性等基本素质。
- 运用篮球游戏的方法，培养球性和球感，学习抓球、拍球、接传球、投篮等基本动作，激发对篮球运动的兴趣。
- 结合篮球游戏，培养团结与竞争，学会直面输赢。
- 提高跑、跳、脚步移动等基本活动能力。

2. 学龄前儿童参加篮球活动的内容

- 小班以篮球游戏为主，通过游戏提高对篮球的兴趣，促进身体发育，增加对球性的感觉。包括单/双手拍球、抛接球、抱球跑、简单的绕球、手递手交接球、篮球韵律操等。
- 中班以游戏为主，可适当增加一些个人基本技能的发展，培养团体球操和游戏能力，提高合作精神。包括单手运球、单/双手交替运球、双手抛球、胸前传接球、运球接力、投球比赛、运球团体操等。
- 大班主要根据年龄特点和敏感期，进行敏捷性培养，提高对球的控制能力。包括运球跑（前后、左右方向）、投篮（2.35米高度）、投准游戏、运球团体操、双手头上传球、双手击地传球等。

3. 学龄前儿童篮球游戏竞赛活动的调整

- 使用3、4号球或更小的球（如网球等）。
- 场地在确保安全情况下因地制宜。
- 比赛形式采用游戏、团体游戏或计数、计量等方法进行。

- 可以采用不计胜负的投篮、投远、投准等比赛。
- 大班可以举行幼儿园篮球赛，教会他们比赛规则、比赛礼仪、相互尊重、直面输赢（也可不计得分），带给他们篮球比赛的氛围。

（二）身体发展

1. 基本特点

- 启蒙阶段，身高增长 5~7 厘米，体重变化约 3 千克，遵循"从头到脚""从躯干到四肢"的成长原则，具体表现为躯干和手脚变长，身体比例变化趋向稳定。

- 肌肉的生长发育不均衡，发展的先后顺序为：躯干肌先于四肢肌，屈肌先于伸肌，上肢肌先于下肢肌，大肌肉群先于小肌肉群。
- 骨骼与肌肉骨化过程[①]处于生长状态，骨骼的牢固性差、易弯曲。
- 大脑重量继续增加，神经系统尚未完全发育，兴奋和抑制机能不断增强，但两者之间发展不平衡，兴奋大于抑制，处于条件反射建立较快但动作技能遗忘[②]也较快阶段。

2. 表现能力

- 动作模仿能力增强，粗大动作易掌握。
- 动作发展逐渐完善，动作质量明显提高，动作灵活性、控制能力明显增强。
- 平衡能力增强，可以做一些比较复杂的技巧性动作。
- 心肺功能、肌肉力量发育不完善，有氧能力较差，但可以完成较短时间的运动。

3. 身体能力

- 耐力：肺功能发育不完全，胸廓较小，呼吸肌耐力差，心血管的泵血功能[③]差，造成学龄前儿童耐力较差，运动时易疲劳。但应鼓励学龄前儿童进行一些时间较短的耐力训练，以发展耐力水平，如 5~6 岁时可连续行走 1.5 千米以上（中间应有较短的间歇时间）。
- 力量：肌肉力量增长速度加快，但肌纤维承受能力有限，因此绝对力量增加有限，不能承受过大的重量；但由于学龄前儿童体重较轻，可表现出较强的相对力量。
- 速度：神经系统逐渐发展，学龄前儿童动作速度加快，尤其是动作频率加快；能量代谢、心血管、肌肉等系统发育不完善，不能进行长时间的无氧运动，但可鼓励学龄前儿童进行短时间、低强度的活动。
- 技能：不过多强调复杂性技能，以跑、跳、掷等基本技能的学习为主，此阶段结束后，学龄前儿童应能掌握这些基本技能。

---

① 骨化过程是无机盐结晶沉积在骨骼中时，骨骼逐渐变得坚硬，可以支撑机体配合肌肉活动的过程。这一过程也称钙化作用。
② 正如艾宾浩斯曲线描述，动作技能遗忘过程呈现出明显的先快后慢规律，之后保持一定的平缓趋势。
③ 泵血功能是指心脏肌肉通过运动和收缩推动血液流动，实现向全身泵血的功能。

- 柔韧性（或灵活性）：学龄前儿童关节窝浅，周围组织伸展性较大，柔韧性较好，但关节牢固性差，不应过多强调动作伸展范围。

4. 教练员提示

- 不过多强调项目、运动形式，而以培养学龄前儿童对运动的兴趣为主。
- 为学龄前儿童提供每天不少于 60 分钟的有组织体育活动及不少于 30 分钟的无组织户外活动。每次的时间不应超过 60 分钟，在空气质量正常的情况下，每天都要进行户外活动。
- 鼓励学龄前儿童学习基本动作技能，如跑步、跳跃、扭转、转体、踢腿、投掷和接球，这些技能的掌握有助于学龄前儿童学习更复杂的动作技能。
- 设计趣味性强且安全的非竞争性体育活动，注重参与。

- 体育活动的设计不要带有性别特色，确保所有学龄前儿童都能被平等地重视和积极地参加。

（三）心理和认知发展

1. 基本特点

- 学龄前儿童的注意力集中时间很短。
- 学龄前儿童对颜色比较敏感。
- 学龄前儿童认为外界的事物是有生命的，对拟人化和扮演类游戏活动感兴趣。
- 学龄前儿童认知活动相对具体，不能进行抽象的运算思维。
- 学龄前儿童语言交流具有自我中心性，不懂得交谈的艺术。

2. 教练员提示

- 教练员的核心任务是培养兴趣。
- 教练员应该采取沉浸式的演示。
- 教练员应该构建故事性和情境性的游戏活动以吸引孩子的注意。
- 教练员可以采用多种颜色和不同类型的辅助器材。
- 教练员让男生和女生在一起活动。
- 教练员要有足够的爱心和耐心。

3. 心理技能

- 简单有效的示范和演示能力。
- 提供有效的环境，引导学龄前儿童注意的能力。
- 设计和组织游戏的能力。
- 提供一个让学龄前儿童在学习、玩耍中享受乐趣的环境的能力。

4. 心理能力评价指标

- 学龄前儿童表现出玩耍和参与活动的热情。
- 学龄前儿童表现出尝试的欲望。

（四）情感发展

1. 基本特点

- 学龄前儿童通过其他人的关注和评价发展自我概念。

- 学龄前儿童喜欢成为焦点和被关注的中心。
- 学龄前儿童逐渐懂得要遵守规则。

2. 行为表现

- 学龄前儿童喜欢在一定情境中进行简单的比赛。
- 学龄前儿童喜欢挑战和尝试新鲜的活动。
- 学龄前儿童希望被关注。
- 学龄前儿童满怀热情参与活动。

3. 教练员提示

- 教练员需要关注到每一名学龄前儿童。
- 教练员不必过多纠正错误动作,需要鼓励学龄前儿童的每一次尝试和进步。

二、基础阶段：6~8 岁（女）、6~9 岁（男）

基础阶段的目标是通过篮球运动让孩子以积极有趣的方式学习基本的运动技能和最基础的篮球技能。重要的不是为了在比赛中赢球，而是在篮球运动中享受乐趣，教练员应使每位参与者都能达成目标。教学训练的任务应着重发展基本的运动技能，即敏捷性、平衡性、协调性和速度，从而提升孩子们的身体素质。这些基本的运动技能将为他们奠定扎实的运动基础，使他们能够在今后进一步发展身体综合能力。

（一）基本运动技能与篮球专项技能

1. 基本技能与技术

该阶段青少年应培养的基本技能与技术见表 4-2-1。

表 4-2-1　基础阶段基本技能与技术

分类	教学训练内容
脚步动作	敏捷
	平衡
	协调
	跑（向前、后、侧跑，变速跑与变向跑）
	跳及落地
	起动与急停（跳步急停、跨步急停）
	转身（前转身及后转身）
准备姿势	有球和无球的准备姿势
	进攻：三威胁姿势
	视野：目视前方
控制球	球性练习
	原地运球（高低运球及左右推拉球）
	运球移动（走、滑步、跑、变向、起动、急停、高低运球）
传接球	原地传球
	移动中传球
	传球给同伴
	双手接球（缓冲动作）
	移动中接球

续表

分类	教学训练内容
投篮	脚和肩正对篮圈
	两脚蹬地用力
	跟随动作：先徒手、后持球
	近距离投篮
	上篮

2. 比赛原则

此阶段的比赛原则包括基本的进攻理念和基本的防守理念，具体内容见表 4-2-2。

表 4-2-2 基础阶段比赛原则

分类	教学训练内容
基本的进攻理念	向进攻方向推进球
	投篮得分
	队员之间保持合理的空间（理想距离为 3~4 米）
	跑动切入（向球或背球方向切入）
基本的防守理念	知道何时进行防守
	明确所防守的人
	防守持球队员时：处于所防守的队员和篮筐之间
	防守无球队员时：处于所防守的队员和篮筐之间，并向球收缩

3. 比赛调整

为符合与本年龄段身心发育规律相适应的篮球比赛特点，《小篮球规则》做了如下具体规定：

（1）比赛用小型号的球，小手需要小篮球：① 8 岁以下使用 4 号球；② 9 岁使用 5 号球。

（2）改变篮筐高度，使小队员更容易在自己的射程之内形成正确的投篮动作：① 8 岁以下使用篮筐高 2.35 米；② 9 岁使用篮筐高 2.60 米。

（3）比赛采用 15 米 ×12 米规格的场地，减小比赛强度，增加对抗性，提高趣味性。

（4）罚球线距离篮板直线距离 4 米，提高队员罚球命中率。

（5）减少队员数量，增加每名队员处理球的机会：四对四比赛或三对三比赛。

（6）灵活的组队方式，更便于小篮球的组织与开展：① 8 岁以前不分男女组别；② 9 岁分男子组和混合组，混合组必须有 1 名女生在场上比赛。

（7）每名队员每场比赛至少上场一整节 6 分钟的时间，保证每名队员都有机会上场比赛。

（8）人盯人防守是比赛中唯一的防守形式。

（9）比赛中没有球回后场违例限制，扩大控制球和跑动的区域。①比赛中允许队员 3~4 步的带球走和 1~2 次的二次运球。但在限制区内将按照《小篮球规则》进行判罚。②裁判在执裁过程中保持乐于引导的态度，耐心为孩子们解释在比赛中的任何违例和犯规行为。③淡化锦标和成绩，重在参与，突出比赛的教育意义。④要求队员在场上保持合理的空间，避免挤在一起而影响控制球。⑤教练员必须使用特殊规定来鼓励队员学习。例如，某队成功地完成 1 次传接球则计 1 分。

（二）身体发展

1. 基本特点

- 基础阶段，肌肉中水分多，蛋白质、脂肪和无机盐少，收缩功能较弱，耐力差，易疲劳。
- 肌肉生长发育不均衡，躯干肌先于四肢肌，屈肌先于伸肌，上肢肌先于下肢肌，大肌肉群先于小肌肉群。
- 心血管系统发育不完善，心迷走神经[①]对交感神经[②]的抑制能力较弱，交感神经兴奋占主导，因而心率较快。
- 基本活动能力在此阶段得到进一步发展。
- 女孩身体发展速度比男孩快。
- 快肌纤维[③]在此阶段发展较快，能够为后来速度的提升带来帮助。
- 速度（尤其是反应速度）、平衡性、柔韧性、协调性发展的敏感期。

---

① 心迷走神经是支配心脏的副交感神经，其节后纤维释放的递质为乙酰胆碱。心迷走神经兴奋时，心率减慢、心肌收缩力减弱、心输出量减少。

② 交感神经是自主神经系统的一部分。刺激交感神经能引起血管收缩、心搏加强和加速、瞳孔散大、消化腺分泌减少、疲乏的肌肉工作能力增强等。

③ 快肌纤维是骨骼肌纤维的一种。肌浆中的肌红蛋白及线粒体较红肌纤维少，其收缩所消耗的能量主要来自无氧糖酵解，但不持久。

2. 表现能力

- 有氧供能能力和无氧代谢能力进一步发展。
- 粗大动作比精细动作更容易掌握。
- 骨骼弹性好但牢固性差，不易折断，但易弯曲，会因为长期错误姿态导致体态问题，因此生活中应养成正确的身体姿态，训练时注重全面发展，适宜负荷。
- 此阶段结束后，身体各项素质都会得到进一步提高。

3. 身体能力

- 耐力：有氧系统训练，主要以提高心肺功能和整体健康为目的的有氧练习，强度不宜过大，由于少儿注意力集中时间较短，有些有氧训练方式较枯燥，所以应注意训练的多样性，可以通过比赛的方式进行。
- 力量：青春期前的力量增长是通过运动协调、身体形态发展和神经肌肉适应来实现的。这个年龄段增长的主要是相对力量，增加肌肉活动也使肌肉力量增加，但肌肉更多的是纵向发展，力量训练应利用队员自身体重、平衡球、药球等。自重练习可以促进少儿身体各部位肌肉及基本动作技能的发展；平衡球练习有助于核心稳定及上、下肢力量的发展，核心稳定的发展在各年龄段都非常重要；药球可以进行上、下肢力量及全身爆发力的练习，以提高动力链的传递效率。

- 速度：速度训练敏感期有两个：女孩 6~8 岁和 11~13 岁，男孩 7~9 岁和 13~16 岁。第一个速度训练敏感期应依靠中枢神经系统（CNS）的训练（灵敏素质）而非能量系统，训练量应小，持续时间短，但对中枢神经系统和无氧低乳酸系统有相应刺激；第二个速度训练敏感期可适当加入间歇训练[1]来发展无氧系统[2]。
- 技能：这个阶段最重要的是建立基础活动能力和基础运动技能，基本运动能力 ABCS——灵敏（agility）、平衡（balance）、协调（coordination）和速度（speed）；田径的基本动作 RJT——跑（run）、跳（jump）、投掷（throw），这些技能的提高对未来动作发展至关重要。5~12 岁是最容易培养身体素质的阶段。需要注意的是，技能的可训练性在 11~12 岁后逐渐下降，更准确地说是在快速增长后下降。
- 柔韧性（或灵活性）：由于青春期的到来，身体会快速生长发育，导致肌肉和关节柔韧性下降，因此应在训练早期建立最佳的个人和专项运动特点。肌肉柔韧性和关节灵活性训练应该通过游戏和比赛来完成。队员把身体和关节向各个方向伸展，在矢状面[3]、冠状面[4]和横截面[5]等三维平面上扭动和转动。灵活性训练每周进行 5~6 次，通过灵活性训练保持当前的灵活性水平。同时注意静态拉伸不会降低运动风险，因此应在训练或比赛之前进行动态拉伸[6]，训练或比赛之后进行静态拉伸[7]。

4. 教练员提示

- 着重发展基本运动能力和基础动作技能。
- 通过游戏和比赛的手段进行短时间、无氧、低乳酸训练，以提高无氧能力。
- 进行跳跃、快速伸缩复合练习时应选择低强度动作，并限制练习时间和触

---

[1] 间歇训练法是指对多次练习时的间隔时间做出严格规定，使机体处于不完全恢复状态下，反复进行练习的训练方法。
[2] 无氧系统包含磷酸原无氧代谢系统和糖酵解供能系统。
[3] 矢状面即按前后方向，将人体分成左右两部分的纵切面。
[4] 冠状面即按左右方向，将人体分成前后两部分的纵切面。
[5] 横截面即横断直立身体，与地面平行，将人体分成上下两部分的切面。
[6] 动态拉伸是指通过有节奏、多次重复同一动作的练习，使软组织逐渐被拉长的练习方法。
[7] 静态拉伸是指先通过动态拉伸方式和缓慢的动作将肌肉等软组织拉长，当拉伸到一定程度的时候，要暂时静止不动，使这些软组织得到持续被拉长的机会。

地次数；力量训练仅限于自身体重、瑞士球和药球的训练。
- 注重发展协调性，培养运动美感。
- 为了避免早期专业化[①]训练带来的弊端，应全面发展少儿身体素质和运动能力，建议参与多种运动（尤其是强调两侧均衡发展的运动），如体操、田径。
- 以障碍、接力赛等形式培养运动兴趣，提高运动能力。
- 注重反应速度的训练，防止错过反应速度发展的敏感期。
- 多参加体育活动，理想状态是每周 4 次（2 次篮球，2 次其他体育活动，并且在 1 周的另外 3 天进行其他身体活动）。
- 对于少儿身体能力的评价应参考以下方式：
  ○ 基本活动能力以跑动、跳跃、传接球的技能进行评价；
  ○ 基本动作技能以体现出起动、急停、倒退、滑步、变向、变换速度节奏等动作进行评价；
  ○ 身体素质以速度、灵敏性及反应、平衡性、协调性表现进行评价。

（三）心理和认知发展

1. 基本特点

- 少儿的注意力集中时间很短，不能长时间坐着听讲。
- 少儿在听讲时会变得焦躁不安，容易分心。
- 少儿在遵照指示时可能会有犹豫和困惑。
- 少儿的想象力丰富，但推理能力有限。
- 少儿喜欢参与活动，并且需要被带领。
- 少儿喜欢被表扬和鼓励。

2. 教练员提示

- 教练员应使用简短明了的说明方式，精讲多练。
- 教练员应该多采取"跟我来"的方式。
- 教练员必须能够提供正确的示范，并掌握纠正技能。
- 教练员应该鼓励少儿发表意见、尝试和创造。

[①] 早期专业化是指运动员在较小年龄阶段时确定专项，随后进行旨在提高专项能力的早期运动训练。

- 组织少儿练习应该多重复动作。

3. 心理技能

- 简单有效的示范能力。
- 鼓励和促进少儿自我表达和自我发现的能力。
- 提供积极的环境，引导少儿努力并给予正强化的能力。
- 组织富有挑战、促进乐趣和成功活动的能力。
- 让男生和女生在一起进行活动的能力。
- 鼓励少儿与同龄人互动的能力。
- 提供一个让少儿在学习、玩耍和发展的同时享受乐趣的环境的能力。

4. 评价指标

- 队员表现出玩耍和学习的热情与欲望。
- 队员展现出处理简单问题的能力。
- 队员表现出团队意识以及合作、尊重和公平竞争的信念。
- 队员通过努力尽全力来充分发挥他的最大潜力。

（四）情感发展

1. 基本特点

- 少儿通过其他人的经验和评价发展自我概念。
- 少儿喜欢成为焦点和被关注的中心。
- 同年龄伙伴对少儿的影响非常大。
- 少儿将运动体验视为自我表达的一种形式。
- 少儿懂得需要遵守规则。

2. 行为表现

- 少儿喜欢挑战和尝试各种活动，他们无所畏惧，一往无前。
- 当情况变得有威胁性的时候，少儿往往会失去信心。
- 少儿喜欢用简单的规则进行简单的比赛。
- 少儿会要求教练员观察他做了什么。
- 少儿会满怀热情参与活动。
- 少儿对于规则没有异议。
- 大家一起参与，不排外。

3. 教练员提示

- 教练员需要定期提供积极的强化训练。
- 教练员需要组织所有活动，以保证安全且成功。
- 教练员必须能够正确评估基本技能，并为队员的技术和战术发展提供各种应用的机会。
- 教练员应该努力让孩子们在感到足够舒适的前提下尝试各种各样的活动，而不用担心技术性质的错误。

三、专项学习阶段：8~11岁（女）、9~12岁（男）

专项学习阶段是主要的运动技能学习阶段，少儿运动技能发展最重要的时期之一是8~12岁。此时，少儿在发育上已经做好掌握基本运动技能的准备，基本运动技能应该被提升到更高的水平；同时，少儿应该学习并掌握基本的篮球技能，但仍然要鼓励多参与各种运动项目。如果基本运动技能未在此阶段进行训练和提高，则其可能无法在后期得到更好的发展。基于此，此阶段仍然需要强调基本运动技能的训练。此阶段的重点任务是训练而不是比赛，因为过多的比赛会浪费宝贵的训练时间；但是，如果没有比赛或比赛过少又会阻碍技战术运用能力（包括个人决策能力、如何应对竞争带来的身体和心理挑战能力等）的提高。所以，处理好训练与比赛的平衡关系至关重要。比赛安排以使队员在比赛中能有效提高技术运用能力及比赛感觉为原则，且不能影响正常的训练。

（一）基本运动技能与篮球专项技能

1. 基本技能与技术

此阶段青少年应培养的基本技能与技术见表 4-3-1。

表 4-3-1　专项学习阶段基本技能与技术

分类	教学训练内容
脚步动作 （改进提高）	三威胁
	起动、跳步急停、跨步急停
	左右脚的前后转身
	不持球的突破动作
	变向、变速及假动作
	视野：抬头观察场上情况
运球	运球的力度、幅度、速度训练
	用左右手向不同方向运球移动
	用左右手加速运球、控制运球及变向运球
	不同防守位置下的运球
	五种情景下的运球：后场推前场、改变传球角度、为自己创造机会、为同伴创造机会、摆脱（脱困）
	视野：抬头观察场上情况的同时能控制好球
传接球	学习或改进基本的原地传球（击地、胸前、头上、单手肩上）
	移动中传接球：不运球传球、运球结合传球
	防守下的传接球
投篮	介绍 BEEF 投篮原则[①]（平衡、瞄篮、肘部动作、跟随动作），投篮概念及动作应更加准确。

[①] BEEF 投篮原则中的"BEEF"即 balance（平衡）、eyes（瞄篮）、elbow（肘部动作）、follow through（跟随动作）四个单词的缩写，揭示了投篮过程中应注意和掌握的关键。

续表

分类	教学训练内容
投篮	学习或改进从左右两侧上篮的技巧
一打一	三威胁、面对篮筐的进攻姿势
	阅读防守：防守人在面前、防守人在身旁、防守人在身后
	持球假动作及脚步假动作
创造空位	移动创造空位
	传球制造空位
	通过转身形成进攻威胁
防守有球队员	介绍防守姿势：防守投篮、突破、传球、运球
	移动中在防守的对手和篮筐之间保持防守姿势
	三种情况下的防守：在进攻人面前、在进攻人身旁、在进攻人身后应该采取的防守形式
防守无球队员	站在所防守的进攻队员和篮筐之间
	人球兼顾，既要注视正在防守的进攻队员，又要看到球的位置
	协助同伴防守
	当所防守的进攻队员接到球时，立即上前防守持球人

2. 比赛原则

此阶段的比赛原则包括进攻理念和防守理念，具体内容见表 4-3-2。

表 4-3-2　专项学习阶段比赛原则

分类	教学训练内容
进攻理念	力争进攻得分
	一对一进攻
	队员之间保持 4~5 米的空间
	运用传切
	运用切入、换位/填补空位
	通过阅读防守进行攻击和得分
防守理念	防守持球队员的策略：始终保持在所防守队员和球篮之间
	防守无球队员的策略：在看到球的前提下靠近所防守的队员
	在此阶段后期介绍防守三角（球—你—被防守人）
	快速回防

3. 比赛调整

- 使用更小的球：9~12 岁使用 5 号球。
- 篮框高 2.60~2.75 米。
- 进行更多一对一、二对二、三对三、四对四的比赛，因为这能让队员有更多的机会接触到球，然后再进行五对五的比赛。
- 运用人盯人防守。
- 每名队员都应该胜任不同位置。
- 允许发生犯规的行为，但要及时解释规则。
- 给每名队员相同的上场时间（也可根据队员的努力程度进行调整）。
- 调整比赛场地的大小、比赛时长以及换人的要求。
- 鼓励运用个人基本技能，不要过多地要求战术和策略。

（二）身体发展

1. 基本特点

- 自重训练仍旧是这个阶段力量训练的主要手段，可以安全地进行各种跳跃动作。

- 把速度训练放到日常热身中,有助于训练最大速度。
- 运动前进行动态伸展,运动后进行静态拉伸应该成为一种常规,而抗阻拉伸可以在该阶段结束时使用。
- 中枢神经系统是发育最早的系统,因此对于中枢神经系统的训练可全面进行。

2. 表现能力

- 速度、灵敏性、平衡性和协调性在这个阶段迅速提高,并且通过训练可获得明显效果。
- 身体重心、肢体长度和核心力量的变化将决定训练的内容。

3. 身体能力

- 此阶段适逢青春期初期,生长发育即将进入高峰期,应进一步提高耐力、力量、速度和柔韧性。尽管在此阶段,学习训练持续进行,各种训练之间的干扰较小,但如一个有良好的训练布局、比赛和恢复的计划,各种训练效果便可得到进一步优化。
- 此阶段是学习技能的主要阶段,应该强调运动技能发展。如果女孩在11岁、男孩在12岁之前没有建立基本的专项运动技能,那么他们可能无法达到最佳状态或无法最大限度地发掘自身潜力。技能可以经过训练不断发展,但技能训练敏感期在11岁(女孩)和12岁(男孩)后逐渐下降,所以应该在生长发育高峰期之前培养它。

4. 教练员提示

- 应同时考虑少儿的心理和生理年龄。
- 建议增加短时间的无氧低乳酸训练内容。
- 在热身活动中,增加速度、灵敏性练习来进一步发展中枢神经系统。
- 建议在此阶段采取3∶1的训练和比赛比例。更多的训练可以培养基础运动技能、基础篮球技能、决策判断和身体准备能力;应该根据竞技体育特征进行训练。

（三）心理和认知发展

1. 基本特点

- 队员渴望获得完美的技巧。
- 队员对失败有强烈的恐惧心理。
- 队员可以从记忆中调出特定的信息。
- 队员有能力运用知识来解释和得出结论。
- 队员都很兴奋地参与训练和比赛。

2. 教练员提示

- 教练员创造最佳学习环境，以匹配相应的技能和水平。
- 教练员示范的能力很重要。
- 教练员掌握衡量成功的各种方法，适时给队员以正向激励。
- 教练员引导队员知道是被允许犯错的，不能因为害怕失败而放弃尝试的机会。
- 引导队员成为集体中的一员。

3. 心理能力评价指标

- 队员已获得并展示出处理各种情况的能力。
- 队员表现出作为团队成员的能力。
- 队员重点关注学习和表现，懂得尽力而为，而不是把取胜作为唯一目标。

（四）情感发展

1. 基本特点

- 队员可以承担责任。
- 队员可以享受与教练员和队友合作的过程。
- 队员的价值观和态度应互相促进。
- 由于担心失败，一些队员的反应可能会迟疑。

2. 教练员提示

- 教练员必须提供强有力的指导并进行监督。
- 教练员应该逐渐让队员承担责任。
- 教练员不能表现出个人喜好。成熟早的队员往往成为领导者，并且在身体素质上表现出色，但教练员要平等对待所有队员，这很重要。

四、专项训练阶段：11~15岁（女）、12~16岁（男）

专项训练阶段身体能力的训练取决于青少年个人的身体发育情况，教练员必须根据青少年发育快慢和发育程度的差异进行适当的调整。此阶段的目标是继续打下坚实的运动技能基础，并学习更多的篮球专项技能。要强调基本技术的学习与提高，避免以战术来弥补技术能力的不足。区域攻防和紧逼及破紧逼将在专项训练阶段的后期开始学习，因为那时他们已具备全面扎实的技术基础。要将青少年培养成为全面发展的篮球运动员，不能过早专业化，更不能过早地进行位置分工。专项训练阶段对于多数青少年来说仍然是一个入门级别，充分认识本阶段的特点及要求，有助于青少年学习掌握并提高运动技能。

（一）专项训练阶段1：11~13岁（女）、12~14岁（男）

1. 基本技术

（1）脚步动作（改进提高）。

- 改进提高：急停（跳步、跨步）、前后转身。
- 突破脚步、篮下脚步。
- 持球技术：熟练地控制球、护球，在防守压力下控球及持球移动。
- 视野：抬头观察场上情况、接球前观察判断。

（2）运球。

- 拓展运球技术动作方法。
- 改进左右手的控制运球、变向和变速运球及后退运球。
- 改进和发展防守下的运球能力。
- 提高运球时的观察判断能力。
- 提高场上处理球的能力。
- 加快运球的节奏，提高阅读比赛的能力。

（3）传接球。

- 拓展传接球技术动作方法。
- 加快传球和接球的速度。
- 介绍持球和传球假动作。
- 在防守情况下的传球和接球。

- 培养传球时的观察判断能力。
- 简单配合下的传球练习（切入后传球、传球后切入、突破后传球）。

（4）投篮。
- 复习改进 BEEF（平衡、肘部动作、瞄篮、跟随动作）的投篮原则。
- 用规范、正确的投篮姿势投篮。
- 运球急停投篮、接球急停投篮、简单配合下的接球或运球投篮。
- 复习改进上篮技巧。
- 程式化罚球训练。
- 在防守情况下进行投篮和上篮练习，强调正确阅读防守。
- 拓展投篮技术动作方法：要求从不同角度、以不同速度、在不同范围内进行运球急停和接球急停投篮。

（5）创造空位。
- 通过变向、变速及各种切入创造空位。
- 对防守情况做出正确的观察判断。
- 传切。
- 在各种位置（侧翼、高位、弧顶、三分线、底线等）上获得空位。

（6）一打一技术。
- 面向篮筐形成进攻得分威胁。
- 发展一打一的技巧：运球急停、探步假动作、投篮假动作及组合。
- 正确阅读防守并做出合理行动。
- 从不同的位置、以不同方式（持球、运球、跑动后接球、低位接球、高位接球等）进攻。

（7）防守有球队员。
- 改进对三威胁姿势持球的进攻队员的防守姿势，强调对持球人的压力。
- 改进控球队员在变向时保持合理间隔及对球压力的姿势。
- 介绍防守投篮、传球、死球时的原则。
- 介绍干扰的理念：对外线队员及内线队员的干扰。
- 防守死球队员与活球队员（活球包括持球和运球情况）。

（8）防守无球队员。
- 改进防守姿势：打开式防守姿势及紧逼防守姿势。

- 介绍干扰的理念：对外线队员及内线队员的干扰。
- 介绍封断的理念。
- 介绍强、弱侧防守的理念：强侧防接球，弱侧协防、补防、轮转。
- 介绍和提高防守无球掩护的技术。
- 各种防守姿势的转换：防守有球—无球协防—无球紧逼防守。

（9）抢打断球。

- 抢球：拉抢。
- 打球：打原地持球队员的球。
- 断球：封断球。

（10）抢篮板球。

- 介绍和发展防守篮板球技术（抢位挡人）。
- 介绍和发展进攻篮板球技术。
- 介绍在有利或不利情况下争抢篮板球的打法及篮板球落点的规律。

2. 比赛原则

（1）进攻理念。

- 阅读防守并做出正确判断。
- 突破穿插原则：合理地运球、传球及无球移动。
- 队员之间保持 4~5 米的空间。
- 切入：向篮下、向球、向空区切入（移动换位）。
- 介绍和发展无球掩护（此阶段不提倡教授有球掩护）。
- 强调球的运转和无球队员的跑动。
- 抢进攻篮板球。

（2）转换进攻。

- 发展一传及跑动区域的理念。
- 一传、接应并及时传球给快下的空位队员。
- 跑动速度快并拉开位置空间，强调所有队员在各种位置练习。
- 理解以多打少的优势，对防守情况做出正确的观察判断。
- 培养转换进攻意识及队友间的沟通交流。

（3）进攻技能。

- 一打一能力/与同伴配合。
- 提高阅读防守的能力：持球和不持球时。
- 内线队员进攻：挡人抢位。
- 创造空位。
- 转移球和运转球。
- 传球、切入、换位。
- 传球角度及路线的理念。
- 有目的、有效率地运球。
- 投篮机会的选择。
- 进攻空间：三分线—内外线平衡。
- 抢进攻篮板球：有投必抢（位于罚球线延长线以外的队员）。

（4）多人配合。
- 传切配合。
- 突破分球。
- 无球掩护。
- 无球进攻。
- 对防守的阅读与判断。
- 强调球的运转。

（5）防守理念。
- 防守有球队员策略：站在被防守者和篮筐之间，保持合理的间隔及对球的压迫。
- 防守无球队员策略：靠近被防守人并兼顾球，运用防守三角理念。
- 防守干扰的理念：对外线队员及内线队员的干扰。
- 团队防守及沟通交流。

- 干扰所有的进攻投篮。
- 抢防守篮板球。

（6）转换防守。
- 防守篮下、球、进攻队员及转换区域。
- 介绍和发展团队攻守平衡的理念：抢进攻篮板球和安全防线。
- 迅速回防（一般位于罚球线延长线以下的队员抢篮板球，罚球线延长线以上的队员迅速回防）。
- 发底线球转换防守、篮板球转换防守、失误转换防守。
- 阻止进攻方向前推进球。
- 迫使控球人停球并保护篮下。
- 培养转换防守意识及队友间的沟通交流。

（7）防守技能。
- 防守姿势：防守有球人、紧逼防守无球人、协防。
- 从个人防守到团队防守。
- 堵截切入者、转身面向球。
- 使用暗语交流：球、投篮、协防。
- 保护篮筐：造进攻犯规。
- 利用协防应对突破。
- 防守并控制投篮队员：压迫封球、紧逼投篮者。
- 脚步：滑步接跑动（协防时）。
- 全场一对一紧逼防守。
- 对抗下抢篮板球。

3. 比赛调整

- 不允许区域联防和区域紧逼。
- 练习与比赛的比例为 4∶1。
- 使用 5 号或 6 号球。
- 篮筐高度为 3.05 米。
- 以一对一、二对二、三对三的形式进行比赛，使队员有更多控球机会。

（二）专项训练阶段 2：13~15 岁（女）、14~16 岁（男）

1. 基本技术

该阶段青少年应培养的基本技术见表 4-4-1。

表 4-4-1　专项训练阶段 2 基本技术

分类	教学训练内容
无球基本移动技术 （改进提高）	基本姿势：进攻与防守
	移动：起动、急停、变向
	脚步：灵活、平衡和协调
	视野：抬头观察场上情况
持球基本移动技术 （改进提高）	姿势：三威胁、投篮准备姿势
	脚步：转身、平衡、突然起动
运球：原地及行进间 （结合实战的运球）	推拉运球
	背后运球
	内外交叉变向运球
	胯下运球
	运球急停、急起
	后转身运球
	多种方式运球组合
	对抗运球
传接球	一传
	全场传球推进
	阵地进攻的传接球、多种传接球方式
投篮	塑形投篮、对墙投篮
	切入后 1、2 跨步投篮
	跳投
	三分投篮
	罚球
	防守下投篮
	运球投篮：运球上篮、运球急停投篮
	接球投篮：接球上篮、无球跑动接球投篮、掩护接球投篮
上篮	1 步上篮
	垫步强力上篮：双脚起跳
	低手上篮、抛投、反手上篮
	根据不同情况采用不同方式上篮（决策判断）

续表

分类	教学训练内容
外线持球移动（一打一）	投篮假动作接顺步突破
	投篮假动作接交叉步突破
	投篮假动作接干拔跳投
	试探步接投篮
	试探步接顺步突破
	试探步接交叉步突破
	以上各种动作方法的组合
外线无球移动	"V"形切入
	"L"形切入
	快速切入
	反跑
内线持球移动	后撤步
	并步
	转身
内线无球移动	转身挡人顺下
防守队员	贴防转身
	协防
	紧逼防守
	封逼球
	对球干扰
	防守掩护
抢打断球	抢球：转抢
	打球：打运球队员及上篮队员的球
	断球：横断球、纵断球
抢篮板球	抢位挡人
	双手抢球
	一传/运球突破

2. 比赛原则

该阶段的比赛原则包括进攻理念、转换进攻等，具体内容见表 4-4-2。

表 4-4-2　专项训练阶段 2 比赛原则

分类	教学训练内容
进攻理念	保持合理的进攻空间
	阅读防守、观察同伴
	保持耐心、快速而不忙乱
转换进攻	对球权的预判、快速反击
	抢篮板球、一传、二次一传、运球突破
	推进：传球和运球、拉开进攻空间
	快攻结束段：形成合理的空间、组织有效进攻
	决策判断：个人能力、优势
进攻技能	进一步提高阅读防守的能力：有球/无球、背切、向内线传球时
	有球掩护：下掩护、背掩护、横向掩护等
	挡拆或掩护后切入
	基本理念：攻击篮筐、空间、突破原则、传切及转身顺下
	保持合理的空间和内外平衡
	遇到防守补防时：急停跳投、漂移投篮、抛投等
	通过掩护空位投篮：掩护、投篮或传球
防守理念	交流：暗号和团队配合意识
	和队友交流
	轮转：协防和回位
转换防守	封堵一传（尽可能早地封逼球）
	封堵快下及接应路线
	不让球在中路推进
	堵截球及回防篮下（保证有 1 名队员迅速回防）
	与队友交流：转换意识、暗号、合理对位防守
内线特殊防守	防无球和有球掩护
	围守及回防、延误及后撤
	干扰的理念：外线及内线
	防守低位对手（从防接球开始）
半场人盯人防守	阻止对方突破
	紧逼持球人
	协防必须人球兼顾
	协助协防者：协防、补防和轮转
	封逼投篮

续表

分类	教学训练内容
区域联防	介绍区域防守理念
进攻区域联防	运用进攻人盯人的理念来进攻区域联防：合理的空间、突破原则、切入、挡人顺下、掩护
	利用传球提高进攻效率
	介绍进攻区域防守的理念：局部负担过重、弱侧进攻、防守薄弱区
紧逼和破紧逼	介绍和发展通过紧逼防守反击
	介绍包夹
	介绍破包夹和破紧逼

3. 比赛调整

- 为了确保队员能够在竞争激烈的环境中使用基本技能，教练员可以加入更复杂的战术，如区域防守和紧逼防守。
- 教练员应了解此阶段由于队员发育及成熟程度的差异，身体能力有很大的变化，教练员应做出合理的安排：攻防队员如何匹配，比赛中采用何种战术等。
- 教练员要确保发育较慢的队员有机会参加比赛。
- 使用 5 号或 6 号球。
- 可以考虑使用更小的场地。

（三）身体发展

1. 基本特点

- 肌肉质量不断提高，骨骼密度增加，骨骼弹性减弱。男孩皮下脂肪减少，女孩则显著增加。因此这个年龄阶段男孩运动能力赶超女孩。
- 女孩从 12.5~14 岁，男孩从 12.5~15 岁开始快速生长发育，进入突增期。身体各个部位以不同的速度增长。
- 女孩初潮时间为 10~16 岁的任意一年。
- 小肌肉群更加发达。
- 应继续进行自重训练，借助场地进行有氧训练可以增强有氧耐力。

2. 表现能力

- 此阶段早期，女孩发育较早，运动能力比男孩强；但在后期，男孩快速发育且运动能力超过女孩。
- 女孩月经初潮后，应定期监测女孩体内铁含量，防止出现疲劳、头晕、烦躁、头痛和皮肤干燥等情况。
- 速度、灵活性、平衡性和协调性迅速提高；心血管系统仍在发展，有氧耐力持续加强。
- 身体重心、四肢长度和核心力量的变化决定训练的内容。

3. 身体能力

- 耐力：身高增长峰值（PHV）的出现有助于青少年加速适应有氧训练，此阶段是有氧系统训练的最佳时间。11~15 岁的女孩和 12~16 岁的男孩在训练期间应根据身体发育程度进行分组，而非年龄。因为青少年在每个年龄组内可能存在 4~5 年的个体差异，应合理、科学地组织早、中、晚熟队员训练的内容和方法。随着身体开始出现生长激增，应重点安排不同的有氧训练，同时也应该进一步发展并保持速度、技巧和柔韧性，这是学习篮球技术的基础。

- 力量：力量增长高峰是实施训练计划的参考。PHV 出现后的最后阶段应加快进行力量训练。男孩的敏感期最可能发生在 PHV 出现后的 12~18 个月。教练员应该检测队员的 PHV 增长速度和 PHV 以及身体形态的变化，这些测量指标将指明实施负重训练计划的适当时间。由于心理变化，队员常常想学习高级的动作技能，因此在"技能饥渴期"应该先教授适宜的自有重量训练技能，这能有效防止不正确的举重技术所造成的伤害。实施此类计划时应循序渐进，不管训练哪个年龄段的队员，核心力量[1]应始终是教练员首要考虑的事。

- 速度：速度素质的第二个发展敏感期是女孩 11~13 岁、男孩 13~16 岁。与第一个敏感期不同的是能量代谢系统的发展，在此阶段可进行无氧训练，女孩要先于男孩进行，负荷的增加要循序渐进。不管年度训练计划的不同阶段目标是什么，都应包括线性、横向和多方向的速度灵敏训练，且此训练应该在热身结束后、训练安排前进行，因为此部分代谢消耗低，神经系统不易疲劳。这种速度灵敏训练应该以无氧高强度的训练形式进行，能量系统的训练的时间应为 5~15 秒。

- 技能：此阶段身体各部位迅速增长，包括重心位改变、臂长、躯干和腿部的变化，所以应该重新制订基本运动技能和基础篮球技能发展的计划。教练员应该对队员保持足够的耐心，因为身体的不同部位生长速度不同，这可能会对队员的运动技术、技能产生暂时性的不利影响。

- 柔韧性（灵活性）：重视柔韧性的训练，每周进行 2~3 次训练以保持当前柔韧水平。如果需要改进柔韧性，则应每周进行 5~6 次柔韧性训练，由于发育速度快，此阶段应该特别注意其身体柔韧性，应该使用静态伸展

---

[1] 核心力量就是腰椎、骨盆、髋关节形成的整体。

和抗阻拉伸（PNF）[①] 来维持或提高柔韧性。此阶段和下一阶段队员热身准备期间，建议使用动态拉伸和防伤害训练。

[①] 阻抗拉伸（PNF）练习即本体感觉神经肌肉易化法或本体感觉神经肌肉促进法，其练习的操作原则和方法是：首先在助手的帮助下，使肢体达到关节活动幅度的最大限度，然后被拉长的肌肉用力对抗助手给予的阻力，做肌肉最大强度的等长收缩，坚持10秒左右后放松。然后再次做肌肉最大强度的等长收缩，各次之间基本没有间隔时间。一般重复3~5次以内，关节活动最大幅度每次提高较明显，之后提高的幅度下降，可重复至10次左右。

4. 教练员提示

- 认真设计、检查训练内容，并制定个性化的训练方案，确保训练计划适合每个队员，使其运动技能稳步提升。训练的安排应以生物学年龄[①]而不是实际年龄为参考条件。
- 所有的基本技能都需要发展，改进以前学到的技能，因为四肢的生长会影响技术，此外队员应该在此阶段学会如何比赛，包括学会所有的技术、战术，增加辅助能力。
- 使用热身进一步发展中枢神经系统和能量代谢系统；建议继续进行短时间的无氧低乳酸训练。
- 在此阶段，训练和比赛应结合实际情况采取适当的比例，可根据个人、团队的需要而有所不同。同样，按这种比例进行准备的队员、球队比只专注于比赛的队员、球队更具有竞争性。

（四）心理和认知发展

1. 基本特点

- 队员的自我意识从社会自我向心理自我快速发展，更趋向于自我认同。
- 队员渴望获得完美的技能，自我展示欲望强烈。
- 队员对失败有强烈的恐惧心理。

2. 教练员提示

- 创造匹配队员技能水平的最佳的学习环境，介绍简单的注意、表象和心理应对策略。
- 适时运用视频反馈，帮助队员建立运动表象。
- 应该通过更复杂的技术训练提高队员的决策能力。
- 教练员们展示特定技能的能力很重要。
- 战术和战略方案应以队员的技术水平为基础。
- 积极鼓励和强化队员的努力和创造性行为。

[①] 生物学年龄是指个人现有年龄在其生命历程中所处的位置，及在其潜在寿命中所达到的阶段。

3. 心理能力表现

- 队员在不同的压力下保持平衡和专注。
- 队员意识到可以使用各种程序来激活控制系统使其处于理想状态，包括呼吸、可视化和注意力等。
- 队员有能力根据个人情况设定长期、短期和日常训练目标并进行有效的监控。
- 队员开始明白只有自主、自律地刻苦训练才能发挥他们的全部潜力。
- 队员的竞争意识逐渐强烈，学会积极、勤奋和自信。
- 队员意识到不能因为害怕犯错或失败而放弃尝试。
- 队员必须拥有带队的机会。
- 所有队员都必须学会如何成为球队中的一员。

4. 心理能力评价指标

- 队员能够通过训练和比赛的各个方面保持积极的自我概念。
- 队员表现出采纳和应用教练员信息来应对各种情况的能力。
- 队员开始使用目标设定、可视化图像、心理韧性策略和情绪控制策略。
- 队员表现出分析自己表现和努力水平的能力，并体现出团队精神。
- 队员明白教练员更看重的是学习和表现，而不是获胜。

（五）情感发展

1. 基本特点

- 同龄人对队员的影响很大。
- 队员可以承担责任。
- 队员享受合作过程。
- "青春期逆反"容易造成人际关系紧张。
- 身体、心理和情绪不一定以同样的速度成熟。
- 一些队员的反应可能受担心失败的影响。
- 社交活动是这个年龄段的重要组成部分。

2. 教练员提示

- 成年人应该始终敞开沟通的大门，因为所有的青少年都需要帮助，尽管他们通常意识不到。

- 教练员必须提供强有力的指导和监督。
- 教练员必须与队员进行公开的交流。
- 队员需要（教练员作为）榜样。
- 团队不断巩固共同的价值观和态度。
- 教练员不得有所偏爱，必须平等对待每一个队员。

五、专项提高阶段：15~18岁（女）、16~18岁（男）

在专项提高阶段，队员全年都应进行高强度的专项训练。此阶段的主要目标是学会在各种情况下进行比赛的技能。已经熟练掌握基本技能和专项技能的队员，要进一步提高在各种竞争条件下运用技战术的能力。对于相对较晚进入篮球专项学习的队员，因其身体发育和篮球专项技能仍处于较低的水平，教练员必须采用针对性的训练方式，以使这些队员成功进入篮球专项发展体系。比如，可根据队员个人的特点和弱点，分别采用身体训练、心理训练、技术训练、恢复训练等专门化的模块训练，来发展和提高他们的竞技能力和水平。

（一）篮球专项技能

1. 基本技术

此阶段青少年应培养的基本技术见表 4-5-1。

表 4-5-1 专项提高阶段基本技术

分类	教学训练内容
运球	面对不利情况下的运球（一对二、二对四、三对四）
传接球	给位于内线的中锋传球（原地或运球时）
	隔人传球
	快攻传球、策应传球、给切入者传球
投篮	包切后接球投篮
	背切后接球投篮
	三分投篮
	运球急停跳投
	接球急停跳投

续表

分类	教学训练内容
上篮	对抗防守上篮
	面对不同防守情况的应变上篮
一打一技术	一打一进攻：虚晃、体前变向
	一打一进攻：各种试探步、投篮假动作
	运球停球后一打一
内线移动	举球做投篮假动作后进攻
	前后转身假动作后进攻
	抬头假动作接进攻
	短角区投篮假动作后突破
	高位投篮假动作后突破
	多种运球进攻
	低位移动与进攻技巧、高位移动与进攻技巧
	内线与外线联系的移动、内线与内线联系的移动
外线移动	传球给中锋后移动接应
	快速切入
	策应、传切、突分、掩护配合下的无球移动
介绍多种掩护	横向掩护
	后掩护
	双掩护
	定位掩护
防守有球队员	压迫封球
	内线防守：脚步（绕前、侧前、绕步）
	防守内线、防守外线、防守持球、防守运球
篮板球	运球突围
	防守篮板球、进攻篮板球的意识与反应

2. 比赛原则

此阶段的比赛原则包括进攻理念、转换进攻等，具体内容见表 4-5-2。

表 4-5-2　专项提高阶段比赛原则

分类	教学训练内容
进攻理念	进攻的要点： （1）以强攻弱：进攻最薄弱的防守者 （2）进攻防守的最薄弱点 （3）利用团队的力量 （4）单打：利用队员的个人能力
	明确每个人的职责
	时间/得分情况： （1）比赛临近结束时特殊情况的处理 （2）投篮时机的选择
	特殊情况下的战术： （1）掷边线界外球、端线界外球的战术 （2）比分胶着时刻战术、追分时刻战术 （3）暂停之后战术、最后时刻战术
	抢进攻篮板球： （1）明确谁负责抢篮板球 （2）卡位挡人、转身上步
	进攻的流畅性及对进攻时间的把握： （1）进攻早期：1~8 秒 （2）进攻中期：9~16 秒 （3）进攻结束：17~24 秒
转换进攻	决策判断： （1）时间/得分情况 （2）向前场推进： ① 优势和劣势 ② 空间和角度 ③ 球的运转 （3）节奏

续表

分类	教学训练内容
转换进攻	角色职责： （1）内线队员及外线队员合理落位 （2）队员之间保持合理平衡的空间 （3）快下队员：1名内线队员快下至篮下 （4）一传（二次一传时如何接应） （5）跟进队员：跟进的内线队员位于三分线
进攻技能	空间至关重要，保持4~5米的空间间隔，可以运用突破
	通过队友的突破寻求进攻机会
	移动以创造一个可供突破的空位
	底线突破：接应队员移动至底线或填补突破队员的位置
	中路突破：接应队员移到合理的位置
	突破分球再接传球
	突破后中锋移动接应
	观察并阅读防守者的位置，寻找切入和掩护机会
	寻找机会调整传球角度并使用空位接传球
	掩护后向被掩护者相反的方向移动（二次切入）
	保持耐心并做出正确的判断（当准备接球时举起双手）
防守理念	轮转及回防策略
	强调所有区域对篮板球的控制
	防守的集体性和整体性
	多种防守：混合防守、区域紧逼等
转换防守	何时进行转换、取决于什么情况
	暗语及行动暗号
	对方发底线球、抢获篮板球、抢断球后的转换防守
	特殊情况的处理
	干扰、紧逼、夹击—回防
	以少防多
破紧逼防守	空间
	三种传球选择（向中路、向后、向边线）
	应对双人包夹
	垂直进攻：越过头顶传球
进攻区域联防	进攻防守的薄弱区
	将防守者带离其防守区域
	通过快速转移球调动防守
	运用高位策应
	中锋上提掩护、挡人和转身顺下

续表

分类	教学训练内容
半场人盯人防守	防守突破（协防）
	不让位于高低位的内线队员接球
	防守所有类型的掩护
	封堵内线位置
	封断进攻队的传球
区域联防	进攻队每次传球防守队员都要言语交流
	进攻队每次传球防守队员都要移动选位
	双手上举并挥动，抢占位置空间
	让球远离高位
	保持合理的空间（不要两名队员去防同一名进攻队员）

（二）身体发展

1. 基本特点

- 循环系统和呼吸系统发展逐渐成熟。
- 身高和体重增长减慢，肌肉发展趋于平稳。
- 女孩的骨骼发育趋于成熟，男孩持续发育至成熟。
- 性发育趋于成熟。
- 到17岁时女孩的身材达到成年人的比例，而男孩发育稍落后。

2. 表现能力

- 循环系统和呼吸系统通常能够提供最大输出量，增加呼吸深度，减缓呼吸频率。
- 肌肉已经发育成熟，但力量会继续增加，直到30岁时接近峰值。
- 力量训练强度增加，帮助增强结缔组织。
- 在这个阶段，女孩通常比男孩体重增长速度快。

3. 身体能力

- 耐力：在周期训练中的一般准备阶段（GPP），需要8~12周的训练来改善有氧供能系统。应使用多种训练方法，每周进行3~4次训练。这些训练方法包括：①长时间慢跑：运动应该持续30~60分钟，达到最大心率的 70%。②法特莱克训练[①]：运动的持续时间应为 30~45 分钟，3 分钟慢跑和 3 分钟的强化训练交替进行。③短时间间歇训练：这种训练是基于在紧张的训练中进行短时间的休息不会产生乳酸堆积的原则，它有利于提高抗乳酸能力和有氧耐力，并发展在竞赛强度下进行特定技能训练的能力。

- 力量：当身体发生快速变化时，应密切关注此阶段的力量训练。对于晚熟的青少年，教练员应参考持续训练阶段的力量训练原则与方法，因为这些队员仍然处于力量训练的敏感时期。诊断和测试将决定力量训练的内容和范围，此阶段的训练应该是完全个性化的设计。为了保存队员体力和保持运动状态，赛前减量必不可少。每周应该进行 3 次核心和薄弱肌肉（腘

[①] 法特莱克训练的实质就是在跑中插入一系列不定时间、不定距离的加速跑、反复跑甚至快速冲刺，使它们和慢跑或走步交替进行。运动员可以根据自己的感觉决定加速和放松的时间与距离。法特莱克训练对训练场地的要求比较随意，主要选择在空气新鲜的地方，如郊区、公园、树林、山地等。

绳肌、内收肌、臀中肌）的练习，核心力量训练应该是重点，要根据队员的需求进行调整。
- 速度：疲劳会影响速度的提升，速度训练应安排在没有代谢消耗或神经系统疲劳的训练开始阶段，通常可在热身结束后进行速度训练。速度训练应该在年度训练计划中分期进行。篮球运动所需的速度训练类型包括加速跑、变向跑以及无球时的跑动。当训练速度包括变向（线性和横向）跑和多方向速度时，应进行3~10米的短距离训练。跑步技术和篮球运动专项速度训练的发展在速度训练中尤为重要。
- 柔韧性（灵活性）：年轻队员的身高和体重突然增加时，需要经常训练并监测柔韧性。
- 技能：原则上，此运动员在训练的所有5个S中都是可训练的。运动表现测试对制订运动员的个人专项训练计划是有帮助的，识别运动员的优势和弱点（身体、技术、战术、智力和辅助能力）有助于决定训练重点。

4. 教练员提示

- 有氧和无氧系统可以进行最大输出功率的训练，全面进行专项能量代谢的训练。
- 力量训练可以最大化，以提高整体力量的发展，神经肌肉训练应该在此阶段进行优化。
- 循序渐进式训练并持续突破。
- 教练员应该知道如何以适当的方式处理体重增加问题。
- 运动员应该学习专项竞技技巧，包括学会所有技术、战术和辅助能力。
- 训练和比赛的比例：训练和比赛的比例现在变为训练占40%，用于发展技术和战术技能；比赛占60%，专门用于正式比赛和训练中的比赛。
- 表现指标：运动员每周必须接受6次运动训练，个性化（这应该包括进攻和防守技能）和小组性（不同位置的队员）训练对运动员的持续发展至关重要。
- 有很多测试可以用来衡量运动员的身体水平，包括：
    - 柔韧性测试：坐位体前屈、肩部灵活性测试。
    - 上肢爆发力测试：坐姿或跪姿前推实心球。

- ○ 下肢爆发力测试：原地摸高、助跑摸高、立定跳远、抛实心球。
- ○ 力量测试：4RM[①] 深蹲和卧推。
- ○ 力量耐力测试：引体向上、俯卧撑、仰卧起坐、指定重量卧推。
- ○ 敏捷测试：限制区灵敏测试，T 形灵敏测试。
- ○ 速度测试：3/4 场地跑。
- ○ 无氧耐力测试：17 米 ×15 米场地折返跑。
- ○ 有氧耐力测试：YOYO 测试[②]。
- ○ 平衡测试：Y-balance 测试、星形漂移测试。
- 青少年在开始进行艰苦的训练之前还需要进行基础训练。正确的单腿/双腿蹲、拉技巧（如跳跃和平衡）对于防止受伤至关重要。如果有必要，应对脚、踝、膝、髋关节和脊柱等体态问题（尤其是两侧不平衡和脊柱侧弯）进行监测和治疗。

（三）心理和认知发展

1. 基本特点

- 队员开始具有抽象思维（听到指令能转化成具体的技战术动作或行为），思考能力也变强，可以应对多种策略和战术。
- 队员批判性思维在这个阶段发展良好。
- 队员开始有了预测能力。
- 队员自我分析、自我纠正能力正在提高。
- 队员越来越重视集体生活。

2. 教练员提示

- 教练员鼓励发散思维。
- 每名队员可以自由表达观点。
- 教练员培养和应用新的技术动作。
- 教练员应鼓励改进所有的技术和战术技巧，创造性地确保比赛的成功。

---

① 1RM (repetition maximum) 代表一个人可以举起 1 次的最大重量。4RM 代表一个人可以举起 4 次的最大重量。

② YOYO 测试就是要求队员在相距 20 米的两个标志物之间，以不断增加的速度进行有间歇的折返跑。

- 设定高度明确的个人和团队目标，在恰当的时点审查和修订目标。
- 这是教授运动心理学的最佳时间。

3. 心理能力表现

- 队员应该开始意识到他们的理想表现状态以及如何实现这一点。
- 队员开始变得非常有竞争力，并且能够理解其涵盖的内容。胜利开始成为一个目标，但力量和竞争力仍然是重中之重。队员开始明白，他们可以在保持友好关系的同时与其他队员抗衡。
- 队员应该能够接受建设性的批评并借此提高能力，教练员应不断提供反馈和帮助。女性队员将经历身体变化，教练员可以提供信息和心理战略来帮助其应对这些变化。
- 队员在高应激和压力的情况下发展自我控制。
- 队员中开始出现领导者，并有机会领导球队。

4. 心理能力评价指标

- 队员开始展示个人价值观和心理训练应用，以提高在训练和比赛活动中的表现。
- 队员能够运用获得的心理技能来提高运动表现。
- 队员能够理解动机、奉献和纪律的意义。
- 队员能够制订切合实际的短期和长期目标。
- 队员能够独立思考并解决问题。
- 队员表现出很强的竞争能力，可以赢得胜利，但是能够批判性地看待输赢。
- 队员能够运用心理韧性策略克服压力。
- 队员能够接受和应用建设性批评来提高表现。
- 队员能够接受各种角色。

（四）情感发展

1. 基本特点

- 同伴对队员的影响力仍然巨大。
- 队员正在寻找稳定、平衡的自我形象。
- 在这个阶段队员与异性的活动和互动非常重要，并且可以分散注意力。
- 队员独立决策和领导能力更加凸显。
- 队员自我概念仍然受到成功和失败的很大影响，应对技术是很有帮助的。

2. 教练员提示

- 队员应该通过扮演适当的领导或负责人的角色（即队长）来得到发展，但必须以奉献和守律为前提。
- 教练员对良好表现的积极评价是必不可少的。
- 教练员定期与队员的父母进行交流。

第五章 | CHAPTER 5
青少年篮球不同发展阶段教学训练要点及方法示例

　　教学有法，又无定法，贵在得法。教学训练方法多种多样、不可穷尽。作为青少年教练员，了解青少年的学习方式，并为之选择最有效的教学训练方法至关重要。最为有效的教学训练方法应该是简便易行、针对性强，能充分调动队员积极性并有实际效果的方法。为了启发教练员主动思考，掌握训练方法背后的原理，做到活学活用，本章针对青少年篮球不同发展阶段的目标及内容，分别列举针对性的教学训练方法示例，内容包括技战术要点、练习方法示例、教学训练提示等，供教练员在设计和组织教学训练时参考。

一、启蒙阶段：3~6岁（男、女）

（一）学龄前儿童小篮球游戏的教学要领
（1）保持良好舒适的基本姿势。
（2）掌握正确的持球技术动作方法。
（3）学会正确的接、传、抛、投、拍（运）球等基本动作方法并会运用。
（4）结合球进行走、跑、跳、投、抛、接拍（运）球等基本运动与游戏，并掌握正确的脚步移动基本动作方法。

（二）学龄前儿童小篮球游戏方法示例

1. 游戏方法示例 1

游戏名称：规定时间（15秒）双手抛接地滚球

游戏目标：提高学龄前儿童手脚配合的协调性与灵活性，培养其对篮球的兴趣，锻炼其四肢、腰背力量，发展其感知能力。

游戏设施：平整的场地、小篮球、秒表（或手机计时）。

游戏规则与方法：若干人一组间隔散开，每人手持一球，老师（教练员）发信号后，持球人弯腿用双手将球朝自己的正前方滚出，并迅速上前弯腿用双手将球捡起，15秒时间内自己计滚出、捡起球的次数并向老师（教练员）报数（图5-1-1、图5-1-2）。

游戏升级：2人一组一球，相向3~4米站立，互相用双手地滚传接球。

图 5-1-1

图 5-1-2

2. 游戏方法示例 2

游戏名称：送球入库接力

游戏目标：通过双手拍球提高对球的控制与感知能力，提高手、脚、眼的协调性、反应、灵敏能力，发展奔跑能力，培养团体意识和合作能力。

游戏设施：球场 1 块、小篮球若干、空纸箱若干。

游戏规则与方法：分成若干组站立成纵队，每组排头人持一球，相距 8~10 米处放和组数相同数量的空纸箱若干个，在纸箱前 1 米处画一标志线，老师（教练员）发信号后，持球人用双手拍球至纸箱标志线前将球投入纸箱后再将球拿起迅速抱球跑至起点，将球手递手交给下一位游戏人，看哪一组先完成。拍球时不要求连续拍球或者规定拍球的次数，如果没有投中纸箱可以捡起球回到标志线再投，必须投中后才能返回（图 5-1-3 至图 5-1-6）。

游戏升级：抱球跑接力。分成若干组，每组排头持一球，老师（教练员）发口令后，持球人抱着球跑到指定位置并用球触指定目标后抱球跑回，将球手递手交给下一位游戏人开始。

图 5-1-3

图 5-1-4

图 5-1-5

图 5-1-6

3. 游戏方法示例 3

游戏名称：原地单手拍（运）球

游戏目标：掌握原地连续单手拍（运）球的基本动作方法，提高对球的控制与感知能力，发展小篮球兴趣。

游戏设施：小篮球、平整场地

游戏规则与方法：保持好身体基本姿势，连续进行原地单手拍（运）球练习（图5-1-7、图 5-1-8）。

游戏升级：行进间拍（运）球接力。分成若干组，排头持一球，听老师（教练员）口令，拍（运）球至指定地点后返回，将球交给下一位游戏人开始。

图 5-1-7　　　　　　　　　　　　　　　　图 5-1-8

（三）学龄前儿童小篮球游戏提示

（1）为学龄前儿童提供至少 60 分钟有组织的身体活动。

（2）为学龄前儿童提供非结构化身体活动，每天至少 60 分钟，最多几小时，一次不能久坐 60 分钟以上。

（3）确保学龄前儿童掌握基本运动技能，这些技能有助于奠定终身体育活动的基础。

（4）确保学龄前儿童掌握运动技能，以便进行更复杂化的运动。这些技能对于孩子养成终身体育活动的习惯都是有益的基础。

（5）注重提高跑、跳、扭转、转身、踢、投掷、抓球和拍球等基本动作技能，这些运动技能是更复杂运动的基础。

（6）确保比赛不具有竞争性，而是更注重参与。

（7）由于女孩的活跃程度往往低于男孩，应确保各项活动不分性别，使所有学龄前儿童都能积极参与。

二、基础阶段：6~8岁（女）、6~9岁（男）

（一）脚步移动

1. 协调性

（1）协调性的动作要领。

- 加强不习惯动作的重复训练。
- 改变已习惯动作的速度与节奏。
- 以游戏的方法完成复杂的动作。
- 反向完成动作。
- 采用不习惯动作组合，使已习惯动作组合更加复杂化。

（2）练习方法示例。

- 持球行进间交叉步碎步跑。
- 一人一球。
- 保持基本姿势，双臂伸直，将球平举。
- 按照前后顺序进行行进间交叉步碎步跑（图5-2-1至图5-2-3）。

图5-2-1　　　　　图5-2-2　　　　　图5-2-3

练习要点

o 注意上体保持开始姿势的面向，运用腰、胯带动扭转完成动作。
o 保持交叉步碎步频率，腰、胯扭动和碎步配合协调。

（3）执教提示。

- 协调性是最难训练的基本素质，要抓住敏感时期不断重复地加以训练。
- 越是基层的训练，越要重视协调性训练，练习的频率越要高。
- 训练中要注重把握好每一个动作的基本姿势和正确动作方法。

2. 平衡性

（1）平衡性的动作要领。

- 身体重心高度的控制与调整。
- 支撑面大小，特别是双脚的站姿与位置。
- 动作的熟练度对稳定性有较强的影响。
- 针对年龄特点，加强核心力量训练。

（2）练习方法示例。

- 推拉抢夺球游戏。
- 2人一组一球，相距一臂距离，面对面站立。
- 相互之间通过推、拉、抢、夺、假动作等方式，迫使对手失去平衡。
- 单脚移动即视为失败（图 5-2-4 至图 5-2-6）。

图 5-2-4　　　　　图 5-2-5　　　　　图 5-2-6

练习要点

○ 保持良好的身体基本姿势。
○ 保持高度专注力。
○ 充分运用手部动作，但不能转动球。

（3）执教提示。
- 多结合球，运用一些简单的训练方法提高平衡能力。
- 平衡能力是受其他基本素质制约的，要抓住敏感期，同时加强和发展相关的基本素质。
- 动作过程中的平衡与脚步的调整和配合的密切度较高，要注重脚步的配合与衔接训练。

3. 敏捷性

（1）敏捷性的动作要领。
- 身体基本姿势：根据攻守状态，保持正确的基本姿势，控制好身体的平衡。
- 动作的不同幅度：做动作时根据动作基本要求对幅度进行把握和控制，特别是步幅与步频的控制、腰、胯、肩的摆动虚晃幅度的控制。
- 动作的不同频率：快慢结合、长短结合、远近结合的组合和变化能力。
- 移动的不同方向：根据攻防技术的需要，变换移动方向的能力。
- 急停急起：在快速移动中能够停住并再次起动的能力。
- 变换速度：跑动中快慢结合和起动能力。
- 反应决策：进行攻防时的快速反应和决策能力。

（2）练习方法示例。
- 前后一字步跑。
- 面对一直线双脚平行站立。
- 屈膝弯腿，脚跟微微提起。
- 以快速、碎步频率按照前前后后的顺序进行一字步跑（图 5-2-7 至图 5-2-10）。

图 5-2-7 　　　　图 5-2-8 　　　　图 5-2-9 　　　　图 5-2-10

> **练习要点**
> ○ 向前和后退跑动时始终保持脚跟微提,用前脚掌落地支撑。
> ○ 向前跑动时重心在前,后退跑动时重心稍向后移,使身体保持平衡。
> ○ 脚步清晰不乱,节奏感强,频率要快。
> ○ 可以定时或定量进行练习。

（3）执教提示。

- 敏捷性训练是掌握基本技能的重要基础。
- 主要从身体速度、柔韧性、身体活动范围、肢体反应速度等方面进行塑造。
- 通过改变不同姿势、不同方向、不同频率、不同节奏等形式重复训练。
- 提高人球合一的统一性、配合性和协调性。
- 练习方法要适合训练对象的年龄特点。
- 借助如绳梯、锥桶等辅助器材组织训练,但要注重安全性措施。
- 把控好训练量和强度。
- 可以采用定时、定量和游戏相结合的练习方法。

4. 跑

（1）跑的动作要领。

- 掌握跑步快与慢、步幅与步频等跑步技巧,避免大跨步跑步动作。
- 保持良好的跑步姿势,重心落在前脚掌上,以便能够随时蹬地发力,快速起动。
- 随时调整重心,尽可能保持较低重心,有利于跑步的平稳性和及时做出不同方向的跑步、反应、判断、衔接等移动和动作。

（2）练习方法示例。

- 起动跑。
- 3人一组,底线外相隔一定间距,面向场内,原地高举双手碎步跑。
- 教练员发令后,快速起动冲过罚球线及其延长线(图5-2-11至图5-2-13)。

> **练习要点**
> ○ 起动时保持较低重心,上体前倾。
> ○ 起动前的2~3步运用小步幅、快频率。

第五章 青少年篮球不同发展阶段教学训练要点及方法示例

图 5-2-11

图 5-2-12

图 5-2-13

（3）执教提示。

- 跑是一项重要的基本素质，可以结合准备活动、身体素质等进行训练。
- 多结合运球提高运球速度。
- 加强起动速度等能力的培养。

5. 变速跑

（1）变速跑的动作要领。

- 保持良好的身体基本姿势。

- 跑动中控制好重心，重心落在前脚掌上。
- 起动时后脚蹬地发力充分，上体前倾，前 2~3 步运用碎步跑频率，逐渐加大步幅。
- 减速时上体直立抬高重心，运用碎步跑频率。

（2）练习方法示例。
- 直线变速跑。
- 徒手站立在底线。
- 起动跑 3~4 步后减速再加速。
- 不断加速、减速跑至对侧底线（图 5-2-14 至图 5-2-16）。

图 5-2-14　　　　　　　图 5-2-15　　　　　　　图 5-2-16

（3）执教提示。
- 变速跑的重点是要把握好变速的快慢节奏。
- 脚步的灵活性是基础。
- 保持好加速、减速时的身体平衡和对重心的控制。

6. 变向跑

（1）变向跑的动作要领。
- 变向跑前要保持碎步跑频率，变向时突然降低重心。
- 异侧脚运用前脚掌内侧向变向方向蹬地发力，迅速调整重心，使变向脚和身体与跑动方向保持一致。
- 保持好身体的平衡。

（2）练习方法示例。

- 看手势变向跑。
- 徒手站立在底线外。
- 教练员发手势指令后直线跑。
- 在跑动中根据教练员的手势方向完成同向的变向跑（图 5-2-17、图 5-2-18）。

图 5-2-17

图 5-2-18

> **练习要点**
> ○ 变向要有突然性。
> ○ 变向时上体侧转与脚步动作协调配合。
> ○ 变向后加速明显。

（3）执教提示。

- 变向跑是许多技术的衔接基础，要重视并加强训练。
- 把握好变向重心转移时脚下蹬、跨变换动作。
- 上体的转动、侧肩等动作与脚步协调一致是变向跑的关键。

- 在所有跑的练习中，要安排好练习时间和强度。教练员要在练习中不断发出鼓掌或口哨声指令，激励队员全力以赴进行练习。

7. 跳及落地

（1）跳的动作要领。

- 起跳基本姿势。
- 控制好身体平衡。
- 单脚或双脚前脚掌着地发力。
- 起跳时的展腰和手臂上摆充分。
- 单脚起跳时膝盖尽可能收紧，带动腿上抬充分。
- 跳起滞空时身体基本垂直，避免过度前冲动作。

（2）落地的动作要领。

- 用前脚掌落地并迅速过渡至全脚掌（脚跟微起）。
- 屈膝、收腹，降低重心。
- 收臂至体侧并保持双臂半举，控制好平衡，准备衔接下一个动作。

（3）练习方法示例。

- 原地持球单脚跳。
- 一人一球，一条腿抬起。
- 连续单脚跳 5 次。
- 带动腿摆动充分，双手摆臂举球，垂直往上跳。
- 落地时膝盖锁紧，保持好平衡（图 5-2-19 至图 5-2-21）。

图 5-2-19　　　　　图 5-2-20　　　　　图 5-2-21

> **练习要点**
> ○ 掌握跳和落地的正确动作与方法。
> ○ 空中控制好平衡。
> ○ 落地时膝关节锁紧。

（4）执教提示。

- 跳的动作分为单脚跳、双脚跳；跳的方式分为原地跳和行进间跳。从基本跳的方法开始训练，让队员掌握正确的跳和落地的动作与方法。
- 多结合球进行训练。
- 要加强相关辅助性（如平衡性、柔韧性、力量）练习，提高跳的动作质量。
- 避免或减少在有对抗的情况下进行跳的练习。

8. 急停、急起

（1）急停、急起的动作要领。

- 跳步急停时双脚脚跟先着地，迅速过渡至前脚掌内侧，形成支撑，降低重心；跨步急停时跨步脚脚跟先着地，迅速过渡至前脚掌内侧，后脚迅速跟进，用前脚掌内侧蹬地形成制动。
- 急停、急起时重心不要上下起伏，重心应控制在两腿之间。

（2）练习方法示例。

- 红灯停、绿灯行。
- 一人一球，站立于底线原地运球。
- 教练员手持一红一绿两种颜色的标识，出示绿色标识时队员运球起动，出示红色标识时队员运球急停。

> **练习要点**
> ○ 急起时保持低重心，前2~3步运用碎步跑。
> ○ 控制好步幅，避免大跨步跑、明显加速。
> ○ 急停时制动突然，控制好平衡（图5-2-22、图5-2-23）。

图 5-2-22

图 5-2-23

（3）执教提示。
- 本年龄段队员要掌握跨步急停、跳步急停两种基本的急停方法。
- 加强辅助性（如灵活性、速度、平衡性）基础练习，提高急停、急起动作质量。
- 多结合运球、接球、突破、投篮等基本技术进行组合和衔接练习。

9. 转身（前转身、后转身）

（1）转身的动作要领。
- 中枢脚明确，可以以前脚掌支撑进行转身。
- 转身时中枢脚主动发力，同侧髋带动头和肩先转。
- 转动中重心基本平稳。
- 跟随脚跟随迅速，用前脚掌蹬地，迅速调整好平衡。

（2）练习方法示例。
- 运球跳步急停后转身（180度），双手胸前传球。
- 若干人一组，站成一纵队。
- 第一人持球，直线运 4~5 次球后，跳步急停，后转身用双手胸前传球的姿势将球传给纵队的排头，快速跑至队尾，循环进行练习（图 5-2-24 至图 5-2-26）。

图 5-2-24

图 5-2-25

图 5-2-26

> **练习要点**
> ○ 转身的重点要放在中枢脚明确上。
> ○ 动作基本规范，避免上下起伏。

（3）执教提示。

- 此年龄段可以基本掌握前转身、后转身两种动作方法。
- 可以先从 90 度的转身开始练习，逐渐加大转身的难度和幅度。
- 多结合球进行组合练习。
- 对做得好的队员要及时鼓励，可以用击掌等方式互动。

（二）进攻基本姿势

1. 有球基本姿势的动作要领

- 双脚前后或左右开立，保持适当（等同于肩或略宽于肩）的宽度。
- 屈膝弯腿，挺胸直背，保持平衡。
- 不论持球还是运球都要以身体保护好球为目的，不要将球暴露，使防守人很容易进行干扰或将球打掉抢断。
- 抬头平视，提高观察范围，在有效投篮距离之内接球（持球）后要保持三威胁姿势，在有效投篮距离之外接球（持球）后，只要保持突破（运球）和传球的威胁即可。

2. 无球基本姿势的动作要领

- 双手保持在腰部以上部位，降低重心，不要背对着球跑，注意侧身看球，做好接球或其他衔接动作准备。
- 在行进间随时准备要球或接球，接球后能够快速衔接传、运、突、投（上篮）等动作。
- 尽可能与持球人保持较好的落位和一定的距离，以使持球人能够进攻或使自己能够对球进行接应。

3. 三威胁基本姿势的动作要领

- 三威胁是指接球后能同时保持选择投篮、突破、传球三种进攻方式的基本姿势对防守形成的威胁。
- 在自己的进攻范围内接球后要保持三威胁姿势。
- 面对篮筐，两脚前后或左右开立，基本与肩同宽。
- 屈膝，挺胸直背，抬头平视，将球持在自己投篮手一侧的腰腹之间。
- 接球后能自己进攻则选择投篮或突破进攻；不能自己进攻，将球传给无球的同伴寻找进攻机会。

4. 练习方法示例

（1）无球基本姿势。

- 3人一组徒手沿场地中圈站立（教练员持球站立在中间），保持无球基本姿势沿一个方向看球侧身跑（图5-2-27）。

图 5-2-27

- 教练员发出口令后，变换方向跑。

（2）三威胁基本姿势。

- 1人一组，在小篮球场地的罚球线，面对篮筐，呈无球进攻基本姿势，两腿前放一篮球（图5-2-28）。
- 教练员发信号后，弯腰、屈膝，用双手将球拿起，迅速呈三威胁姿势（图5-2-29）。

图 5-2-28　　　　　　　　　　图 5-2-29

5. 执教提示

- 进攻基本姿势是衔接进攻动作（徒手或有球）和保护球的基本姿势，要养成良好的动作习惯。
- 多结合运、传、投、突等基本进攻技术进行组合练习。
- 多通过一对一、二对二、三对三等方式提高动作养成和运用能力。
- 多组织游戏训练方法进行练习。
- 刚开始训练时，队员的动作会五花八门，教练员要保持必要的耐心进行纠正，不断加强和重复进行训练。

（三）运球

1. 球性练习

（1）熟悉球性的动作要领。

- 保持屈膝、抬头平视的基本姿势。
- 手指张开，用指根以上部位接触球，掌心空出。
- 通过简单的绕身体、抛接球、滚球、拍球、抓球等动作，提高手对球的感知能力。
- 配合体位、平衡、协调形成对球的控制能力。

（2）练习方法示例。

- "三环"绕球练习。
- 持球于胸前，呈基本姿势站立。
- 连续按照脖颈、腰、膝关节，再膝关节、腰、脖颈的顺序进行"三环"绕球（图 5-2-30 至 5-2-32）。

图 5-2-30　　　　　　　图 5-2-31　　　　　　　图 5-2-32

（3）执教提示。

- 掌握正确的动作方法，每次训练进行 5~8 分钟的球性练习。
- 可以结合准备活动组织练习，多变换训练方式，避免枯燥感。
- 由简单逐渐到复杂、由单一逐渐到组合组织练习；逐渐增加速度、频率、节奏变化练习。
- 原地练习的基础上增加行进间练习，多组织游戏进行练习。
- 练习中教练员要不遗余力地和队员进行互动，鼓励队员们大胆练习。

2. 原地及行进间运球

（1）原地运球的动作要领。

- 原地运球以低运球和高运球技术为主，逐渐加强不同方向、不同体位的运球。
- 保持良好的身体基本姿势（两脚前后、左右站立均可），挺胸直背，抬头平视。
- 低运球时以肘关节为轴，高运球时以肩关节为轴，尽可能大力运球。
- 运球时运球手呈球形，手指尽可能分开，按拍球的正上方，球落在运球手同侧脚的侧前方（两脚开立站立）或两腿之间（两脚前后站立），手腕发力，带动手指（食指、拇指、中指）拨球，手在接触球时要有上扬（缓冲）和跟随（按压）动作。
- 运球过程中保持平衡，重心不要上下起伏。
- 无球手的护球动作要到位。

（2）行进间运球的动作要领。

- 从行进间低运球练习开始。
- 保持较低重心和良好身体基本姿势，抬头平视，重心落在前脚掌上。
- 低运球时以肘关节为轴，高运球时以肩关节为轴，带动手腕发力大力将球运出，手腕后仰，按拍球的侧后方，运出时球和地面形成入射角。
- 低运球时球的高度控制在膝关节或髋关节以下，手腕、手指自然柔和；高运球时球的高度控制在腰部或不高于肩部，肘关节、手腕、手指锁住，以肩关节带动通过手指拨球将球大力运出。
- 手脚配合协调，重心稳定。

（3）练习方法示例。

① 行进间直线低运球接力游戏。

- 将队伍分成人数相等的若干组，每组排头持一球。
- 在中场线摆放和游戏组数相等的锥桶。
- 游戏开始，各组第一人快速低运球至锥桶并运球绕过锥桶再运回到出发点，将球手递手递给下一位运球者，先做完一组为胜（图 5-2-33 至图 5-2-35）。

图 5-2-33

图 5-2-34

图 5-2-35

② 高运球、低运球、体前变向组合练习。

- 一人一球站立在底线外。
- 沿边线行进间高运球 3 次变低运球 2 次衔接体前变向，换手后按同样的运球方法练习。
- 左右手各变向 1 次后快速运球上篮（图 5-2-36 至图 5-2-38）。

图 5-2-36　　　　　　　　图 5-2-37　　　　　　　　图 5-2-38

（4）执教提示。

- 有条件的要用小篮球组织运球练习。
- 多组织游戏运球练习，提高队员学习兴趣，培养团队合作精神。
- 运球技术是小篮球的开门技术，要多组织一对一等实战练习，同时把运球技术和接球、传球、投篮、突破等技术进行衔接组合训练，提高实战运用能力。
- 当队员基本掌握运球技术后，要加强运球同脚步、各种跑等技术动作的衔接方法练习。
- 本年龄段不要进行手指运球练习，以防止戳伤手指。

（四）接传球

1. 接球技术的动作要领

（1）原地接球。

- 保持良好的接球基本姿势。

- 主动迎球。包括三个环节：眼睛看球、双手伸出迎球、上步接球。
- 用双手接球。接球时双手十指上扬呈球形，用指尖、指腹部位接球；接低球时双手上下掌心相对，呈"斗"形接球。
- 缓冲。接球后迅速缓冲，将球收至胸腹之间或衔接其他技术时的持球位置。
- 接球后保持好基本姿势和身体平衡，接球后不要着急运球，看清防守人情况后准备衔接下一个技术动作。

（2）行进间接球。
- 快下时要保持侧身跑，其他时候不要背对着球跑，跑动中始终看球。
- 接球前加强观察同伴和防守人的位置，主动伸手示意或发出语言提示传球同伴；接球时和传球同伴要有肢体、语言或眼神等交流。
- 基本姿势准备充分，主动迎球，接球后抬头平视，观察场上情况，将球接好停稳后迅速衔接下一个动作。
- 如果在自己投篮范围内接球，迅速衔接三威胁姿势，提高对防守的威胁。
- 接球或背对篮筐接球后，不要立刻运球，要通过转身、跨步面向篮筐后观察，看清防守人位置和距离等情况后再采取运球或其他进攻方式寻求得分机会。

（3）原地传球（以双手胸前传球为例）。
- 良好的传球基本姿势。
- 持球。双手呈球形，掌心部位空出，两拇指呈"八"字形持球的侧后方于胸腹之间，双臂自然位于体侧。
- 发力。传球时脚下发力，重心平稳，通过上臂带动前臂，用掌根部位推动（本年龄段由于年龄特征不适合通过抖腕发力、外翻动作将球传出），手指拨球，将球传出。
- 传球的落点。根据具体情况，可以是高球，也可以是平球或低球。
- 传完球后双手跟随，并迅速调整好姿势，准备衔接下一个技术动作。
- 观察。观察自己防守人、接球人的位置，弱侧和可能协防队员的位置；传球时和接球人之间要有眼神或肢体等交流。
- 创造空间和角度。在实战中传球，脚步要灵活，通过转身、跨步、运球等动作创造空间和传球角度。

（4）行进间传球（以双手胸前传球为例）。

- 行进间传球有两种方式，一种是跑动中（无球移动）获得球后传球，一种是运球后衔接传球，无论哪一种传球都要保持良好的基本姿势和平衡。
- 观察。接球前的观察，接到球后马上将球传出；运球过程中的观察，在运球过程中将球传出。
- 交流。和接球人之间的交流，包括眼神、肢体，特别是语言交流。
- 传球的角度。根据防守人、接球人等情况，能够选择空间和角度传球。
- 球的落点。要有提前量，用球领人或直接往接球人手上传。

2. 练习方法示例

（1）绕中圈侧身跑接球。

- 教练员持球站立在中圈中间。
- 4 名队员平均间隔站立在中圈线上。
- 教练员发令后，队员沿中圈线看球侧身跑。
- 教练员依次将球传给每一名队员。
- 队员接球后快速回传（图 5-2-39、图 5-2-40）。

图 5-2-39

图 5-2-40

（2）快攻传球。
- 2人一组一球，相距3~4米。
- 一人站在边线处，一人持球站在篮下。
- 持球人快速往前场方向运球，边线人则沿边线快下。
- 运球人择机将球传给快下人上篮（图 5-2-41 至图 5-2-43）。

图 5-2-41

图 5-2-42

图 5-2-43

3. 执教提示

- 在进行接传球教学训练时，要重视接球和传球的基本技术练习，此年龄段先从接球技术开始训练，避免挫伤或产生"恐球"现象。
- 接球是持球技术的开始，接不好球，其他衔接技术都无从谈起，应主要掌握双手接传球技术。传球不局限于双手胸前传球，也可以包括双手低抛传球等方式。
- 此年龄段可以先从双手击地传球开始进行传球训练，每堂课都要进行接传球技术的练习安排，多通过游戏性练习提高对接传球技术训练的兴趣和积极性。
- 从实战出发，不断提高接球后衔接组合技术的组合能力，比如接球后衔接运球技术组合、接球后衔接传球技术组合、接球后衔接投篮技术组合、接球后衔接突破技术组合等。
- 从实战出发，不断提高其他技术和传球技术的衔接组合能力，比如运球后和传球的衔接组合、接球和传球的衔接组合、假动作和传球的衔接组合、脚步和传球的衔接组合等。
- 在训练中，教练员要永远灌输队员传球给最好位置或无人防守的同伴是明智的选择，当队员传出一个好球时应及时给予鼓励和表扬。

（五）投篮

1. 原地投篮的动作要领

（1）身体基本姿势。

- 两脚前后开立（此年龄段这种站姿更有利于保持平衡），前脚朝向篮筐，肩正对篮筐。
- 双脚前脚掌着地，重心落在前脚上，屈膝。
- 持球位于投篮手一侧的腰腹位置（双手投篮持球于胸腹前）。
- 当队员接到球或运球结束后准备投篮时，做好投篮准备姿势。

（2）瞄准。

- 当队员位于篮筐正面时，将瞄准点确定于篮筐（中心）或篮板（方块内）。
- 当队员位于30度至60度位置投篮时，可瞄准篮板的方块角，完成碰板投篮。
- 瞄准时视野始终注视瞄准点。

（3）投篮手持球。

- 单手投篮时五指尽量分开，双手投篮时十指尽量分开，增大持球面积，提高控球稳定性。
- 指根以上部位接触球，掌心空出，手腕后仰对着篮筐持球于球的侧后方（双手投篮时双手持球于球的两侧）。

（4）辅助手（平衡手）。

- 辅助手是指不投篮的那只手，投篮时放在球的侧面。
- 辅助手不参与投篮动作，投篮时不发力。
- 辅助手在球到最高点时，自然离开球并保持侧对篮筐。
- 双手投篮时没有辅助手。

（5）投篮动作。

- 投篮时，球应自下而上从投篮姿势快速进入投篮动作状态。
- 后脚上步（前后开立站姿时）两脚基本平行或上步脚稍前，用前脚掌内侧蹬地发力，保持重心平衡。双臂持球随脚步动作向额前挥摆上举，肘部在球的正下方。
- 利用腿部和腰部力量对投篮非常重要。
- 手肘和手臂应当与篮球形成一条直线向篮筐方向伸展，球从头的前上方出手。
- 通过投篮手食指拨球（双手投篮时，双手食指拨球）使球向后旋转。
- 单手投篮时辅助手自然停留在侧面，不参与对球的任何动作。

（6）出手后的跟随动作。

- 球出手后，保持投篮手的完整动作，特别是手腕外翻和下压动作，提高投篮手的柔和度，使食指拨球充分，球的外旋更加充分。
- 单手投篮时辅助手保持持球时的姿势，在最高处离手，并保持手臂伸直、五指伸直侧对篮筐。
- 球出手后身体要保持好平衡，保持手跟随动作直到球碰到篮筐。

2. 行进间三步上篮的动作要领（分为接球和运球上篮）

（1）准备姿势。

- 接球时眼睛注视着球，主动迎球，根据球的高度，调整重心将球接住。
- 运球起球时，运球手主动起球，无球手迅速迎球形成双手合球。

- 持球于投篮手的体侧腰、胯位置。
- 上体略微前倾，抬头注视篮筐（或瞄准点）。

（2）脚步动作。

- 接球或运球起球的同时朝向篮筐迈出第一步。
- 第一步迈出要大，伴随着脚跟着地过渡至前脚掌内侧着地迅速完成重心偏后向偏前的转移。
- 第二步跟进要快，但步幅要适当小，全脚掌着地支撑，迅速过渡到前脚掌内侧支撑、发力，摆动腿上摆，重心上移，形成制动；迈第二步的同时球从持球部位向身体异侧摆动。
- 起跳时，上体、双臂带动球从身前向上挥举，和摆动腿共同形成向上的合力向篮筐方向跳起。

（3）空中动作。

- 空中时保持基本垂直姿态。
- 将球快速挥举至最高点，并在起跳至最高点时，将球投出。
- 左右侧行进间上篮时的瞄准点应该放在方块角的位置。
- 正面行进间上篮时的瞄准点应该放在方块正中间位置或篮圈空心位置。

（4）球出手后动作。球出手后，手要有跟随动作，保持身体平衡，落地后屈膝进行缓冲，不要过度前冲。

（5）运球上篮的动作要领。

- 按照行进间运球基本姿势进行运球。
- 找准自己行进间上篮起步的距离和位置。
- 迈第一步时应加大运球力量，起球时保持较低重心，起球手发力带动球向无球手方向并和无球手形成合球（无球手主动迎球），将球放在上篮手同侧的腰、胯之间。
- 起球的同时大力迈出第一步。
- 按照行进间上篮的方法完成投篮。

3. 练习方法示例

（1）篮下45度投篮。

- 队员站在篮下45度约1米距离的位置。
- 队员保持投篮基本姿势。
- 队员接教练员球后45度投篮。
- 队员将瞄准点集中在方块角上（图5-2-44至图5-2-46）。

图 5-2-44

图 5-2-45

图 5-2-46

（2）徒手上篮。
- 全队在三秒区右侧腰线中位区位置排成一纵队。
- 左脚在前，右脚在后，两脚分开略宽于肩站立，前脚、肩朝向篮筐。
- 挺胸直背，抬头注视篮筐，进行徒手上篮的步法练习（图 5-2-47 至图 5-2-50）。

图 5-2-47

图 5-2-48

图 5-2-49 　　　　　　　　　　　　　图 5-2-50

（3）运球上篮。
- 全队每人一球，在右侧 45 度位置排成一纵队。
- 行进间运球至右侧 45 度打板上篮（图 5-2-51 至图 5-2-53）。

图 5-2-51

图 5-2-52 　　　　　　　　　　　　　图 5-2-53

4. 执教提示

- 本年龄段可以用双手或单手进行投篮，所有队员都从靠近篮筐位置开始练习。
- 正确的投篮基本技术是投好篮的关键。在保证动作完整性的前提下，把握动作的主要环节，加强各个环节技术的分解训练，提高投篮动作的质量。
- 投篮训练时，尽量使用小篮球进行练习。本年龄段最好进行单手投篮技术训练，但也可以进行双手（特别是女童）投篮技术训练。
- 随着队员技术和身体能力的提高，不断提高投篮和其他技术的衔接组合（运球和投篮衔接组合、假动作和投篮衔接组合、脚步和投篮衔接组合等）运用能力。
- 投篮训练每堂课都要安排适当时间进行练习，在掌握基本投篮技术动作后，多通过游戏方法组织练习。

三、专项学习阶段：8~11岁（女）、9~12岁（男）

（一）脚步动作（改进提高）

（1）基本姿势练习。

- 如图 5-3-1 所示，队员分散在全场或半场，面对教练员站立。
- 按照教练员的要求，做出指定的基本站立姿势并保持。
- 基本姿势：持球准备姿势（三威胁姿势）、不持球准备姿势。

> **练习要点**
> 练习时，队员要做出指定的基本站立姿势并保持，以便教练员检查并纠正其动作。

（2）脚步动作组合练习。

- 如图 5-3-2 所示，队员分成 4 组，成纵队站在端线后，教练员站在场地中间，按照教练员的要求，分别做以下脚步练习：
  - 所有队员呈基本姿势站立，然后快速起动，碎步跑至对面端线。跑动时要求保持两臂上举，双脚摩擦地板（鞋底发出短促的尖叫声）、以碎步跑动。

- 变速跑：快速起动后，快慢交替跑（3步快、2步慢），强调用不规则的快慢交替步法，不要用相同数量的快慢步法。
- 急停：跑动中分别在罚球线、中线、对面罚球线做急停。
- 快速转身：每次急停后分别做2次前后转身。

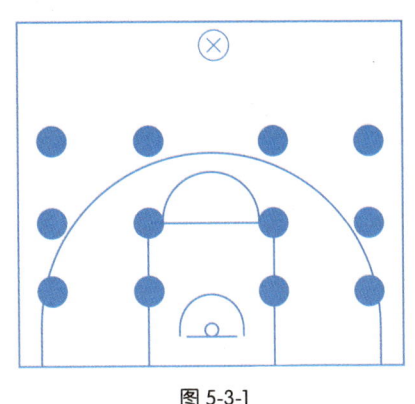

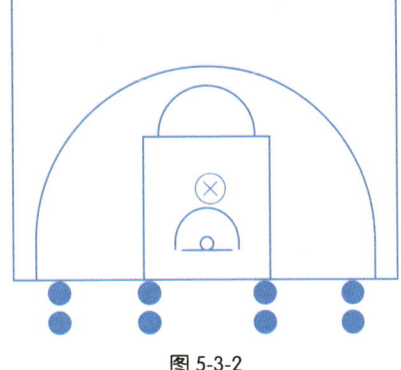

图 5-3-1　　　　　　　　图 5-3-2

- "余光"跑：4名队员同时以中速向前场跑动，强调眼睛注视对面的篮圈，同时用余光观察其他队员，4名队员始终保持在一条直线上。

练习要点

- 队员要控制好身体平衡，抬头，目视前方。
- 强调提高基本姿势、转身、急停、变速跑等脚步技术。

（3）跨步急停练习。

- 如图 5-3-3 所示，队员沿端、边线向前走10步。
- 走到最后1步时屈膝，降低重心，减小步幅，这有助于提高身体平衡和控制能力。
- 左脚蹬地起跳，腾空时右脚在左脚前方，两腿屈膝，右脚先落地，接着左脚落地，好像跳跃一样（注意不要跳得太高或太远）。
- 右脚着地时，右脚脚跟应在膝、腰的前方，左脚落地后，应确保双脚开立至少1步距离，同时抬头平视前方。
- 练习初期应慢步向前走，以便急停时能停稳，并保证抬头及控制身体平衡。
- 当能熟练地用左右脚起跳分别做5次跨步急停后，逐步增加速度至跑动进行。

- 以不同速度练习左右脚起跳的跨步急停，不断提高控制身体重心变换和平衡的能力。

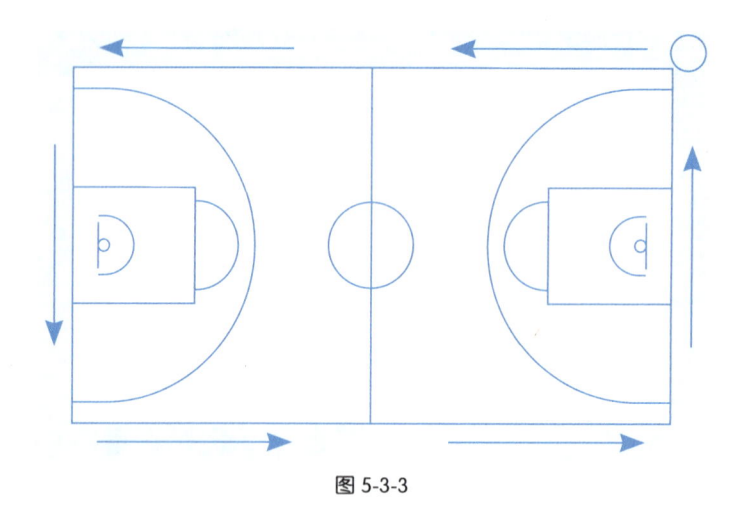

图 5-3-3

> **练习要点**
> ○ 当提高跑动速度时，将增加跨步急停的难度。
> ○ 跨步急停的关键是：起跳前的最后一步应降低重心并保持身体平衡的姿势，特别是当跑动速度较快时，起跳腾空后应将重心留在后脚脚跟，这有助于落地时控制身体平衡。
> ○ 快落地时要求两脚开立，臀部下坐，抬头平视前方。

（4）45 度变向跑练习。

- 如图 5-3-4 所示，从场角开始，队员首先迈左脚以半速沿右侧边线向前跑 10 步。
- 当跑至第 10 步右脚着地时，右脚用力抵住地面，并以右脚前脚掌为轴向左转 45 度。
- 右脚用力蹬地继续往对角方向跑 9 步，当跑至第 9 步左脚着地时，左脚用力抵住地面，并以左脚前脚掌为轴向右转 45 度。
- 左脚用力蹬地继续以半速往对角方向跑 9 步，再次以右脚前脚掌为轴向左转 45 度，继续以半速向前跑。
- 抬头，目视前方，按照上述方法连续进行。

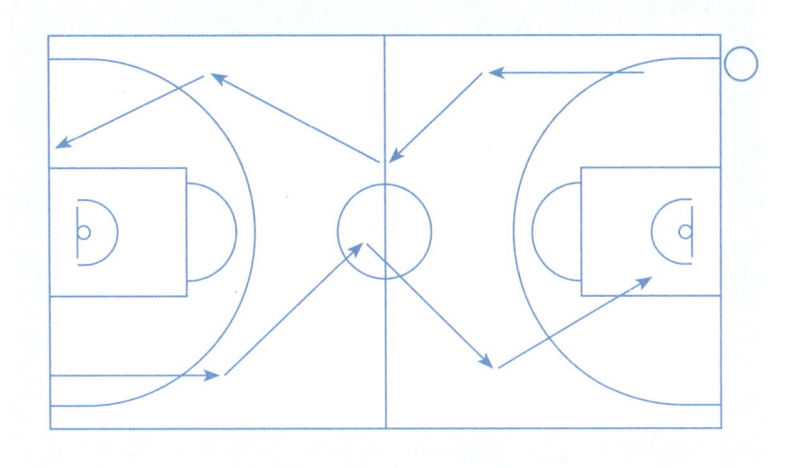

图 5-3-4

> **练习要点**
> o 变向前缩短步幅并屈膝降低重心。
> o 变向后的第一步要用力蹬后腿积极加速。
> o 控制好身体平衡,变向要快速而流畅。
> o 可不断改变跑动速度及变向之间的步数。

(二)运球

1. 运球的运用时机

- 运球推进至前场。
- 运球避开防守压力及防守包夹。
- 运球创造投篮空间或突破进攻。
- 运球为同伴创造进攻机会。
- 调整合理的传球角度。

2. 执教提示

- 首先要使队员明白运球的运用时机,避免不必要的运球。
- 队员要用手指运球,手掌心不要触碰球。
- 运球时要屈膝、直背、抬头。

- 非运球手要屈肘上抬，时刻保护球不被防守干扰。
- 运球时，队员目光要注视全场，不要低头看球。
- 队员要注意控制球的反弹高度不要超过自己的腰部。
- 要求队员强、弱侧手都应能熟练地运球。
- 对于初学者而言，运球练习每次持续 15~30 秒，对于技术熟练的队员，则要保持 1 分钟，逐步增加运球难度。

3. 练习方法示例

（1）运球移动。

- 如图 5-3-5 所示，队员在场内分开站立，相互之间留有足够的移动空间。
- 膝关节弯曲保持良好的身体平衡，腕关节柔和发力，手指张开控制好球。
- 教练员站在前面，给队员发出向各个方向移动的信号，比如向侧、向前等。
- 队员要用身体和非运球手保护好球。

> **练习要点**
> 强调队员在移动运球时要抬头平视，并且左右手都要练习。同时，保证球的落点在身体侧前方，以获得最快的运球速度。

（2）绕障碍物保护运球。

- 如图 5-3-6 所示，在场地中平行边线间隔地放置锥筒，队员成两列纵队站在后面。
- 两队的第一名队员同时开始运球，然后边保护球边围绕障碍物运球一圈。
- 当队员运球绕过最后一个锥筒时，从边线外侧快速运球回到原来的队尾。

> **练习要点**
> 要求队员运球时不能低头看球，身体要保持在障碍物与球的落点之间。

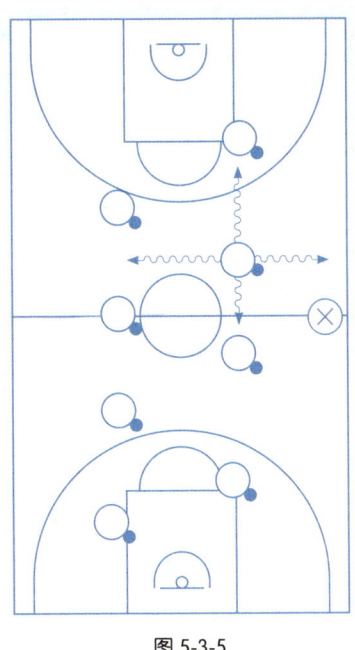

图 5-3-5 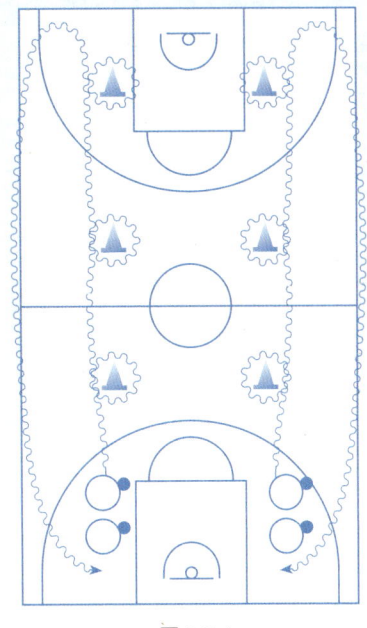　　　　　　　　图 5-3-6

（3）行进间运两球。

- 如图 5-3-7 所示，队员成三列纵队站在球场一端罚球线延长线后，每队第一名队员分别持两个球。
- 按教练员要求的速度运球至球场对面的端线后再运球返回起点。
- 第一名队员把球递给同队第二名队员，以同样的方法继续练习。

练习要点

保持正确的运球姿势，抬头平视前方。

（4）绕三个圆圈运球。

- 如图 5-3-8 所示，队员沿底线站成一排，每人持一球。
- 用右手运球，依次围绕第一、第二、第三个圆圈运球一周，最后运球上篮。
- 投篮后，抢获篮板球以同样的方法运球回到起点。
- 当第一名队员围绕第一个圆圈运球一圈后，第二名队员开始运球，后面队员按照这个次序练习。
- 也可以在球场两端的底线上分别安排一队，两边队员向相对的方向同时绕圆圈运球。

> **练习要点**
> 运用保护运球技术，使身体保持在球和圆圈之间，运球时注意抬头。

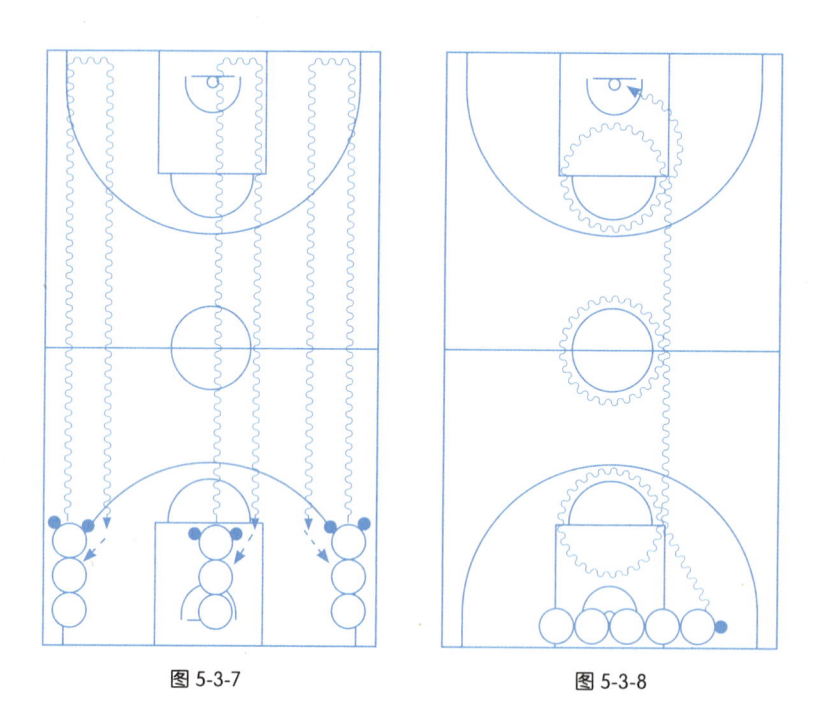

图 5-3-7　　　　　　　　图 5-3-8

（三）传接球

1. 传接球的作用

- 篮球是一项团队运动，传球是促进团队合作的重要手段。
- 传球推进的速度比运球推进快。
- 高质量的接球技术和高质量的传球技术一样可以促进团队合作，如果队员不会接球，再好的传球也无用。
- 如果队员确信同伴能够接到他传出的球，那么他就会更多地给同伴传球，因此将进一步促进球队的团队合作。

2. 执教提示

- 传球者应始终以三威胁姿势传球。

- 在教授传球技术时，教练员应根据四个级别来评估队员的传球水平，可以按照以下顺序评估其传球能力：

水平一：能否在静止的状态下准确地将球传给静止的目标。

水平二：能否在静止的状态下准确地将球传给移动中的目标。

水平三：能否在移动的情况下准确地将球传给静止的目标。

水平四：能否在移动的情况下准确地将球传给移动中的目标。

- 教练员应当教授队员并且带领其完成上述四个水平阶段的练习内容，队员要逐级完成，不得越级进行，必须达到一个水平方可晋级下一水平的练习。
- 对于9岁以下的小队员，应当使用击地传球来练习传接球，因为击地传球对于小队员和协调性相对差的队员而言，能有更长的反应时间。队员随着熟练性的提高，再学习胸前传接球等其他传球方式。
- 接球者通过在胸前展开双手为信号表示他们准备好接球了（非持球队员应随时准备接球）。
- 队员应当睁开双眼提高注意力，不能闭眼或是转头，要目视球接触到手指，用手指尖最先接触球，不能用身体去接球。

3. 练习方法示例

（1）快速对墙传接球。

- 队员每人持一球，根据队员的技能水平，位于距墙 1~1.5 米的位置。
- 教练员提醒队员在练习传球（胸前传球、反弹传球、头上传球）时要在墙面上假想一个传球目标。
- 队员要接住墙面反弹回来的球。（图5-3-9 至图5-3-12）

图5-3-9　　　　　　　　　　图5-3-10

图 5-3-11　　　　　　　　　　　　　图 5-3-12

> **练习要点**
> ○ 球击墙点高一些会给小队员留出更多调整手上动作和反应的时间。
> ○ 着重发展手腕力量和手眼协调能力，提高传球出手速度。

（2）防守下的原地传接球。

- 如图 5-3-13 所示，队员围成半径约 2 米的圆圈，圆圈的中间站 1 名防守队员。
- 站在圈上的持球队员可用各种方式传球给除站在其身边 2 名队员之外的其他队员，站在圈内的防守队员要努力抢断传球。
- 当成功抢断球时，传球失误的队员与防守队员互换位置继续练习。

> **练习要点**
> ○ 要保持练习的快节奏，以提高防守队员的体能、脚步动作水平及灵活性。
> ○ 传球队员传球前要观察判断好，尽量将球传给防守队员视线以外的队员，提高防守下的传球能力。

（3）原地两人交替传接球。

- 如图 5-3-14 所示，2 人一组相距约 4 米站立，每人持一球。
- 练习时，1 名队员双手胸前传球给同伴，与此同时，同伴用反弹传球将球传给对方。
- 此练习对提高压力下的传球能力非常有效，因为传出球的同时必须立刻做好接传球准备。
- 可用此方法练习各种方式的传球技术。

> 练习要点
> 初学者不要尝试这种练习，因为他们的传接球技术不熟练，可能出现乱扔球现象，影响传接球技术的规范性。

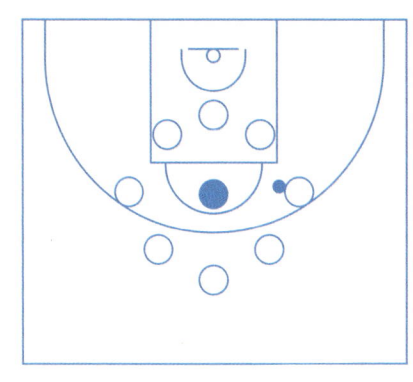

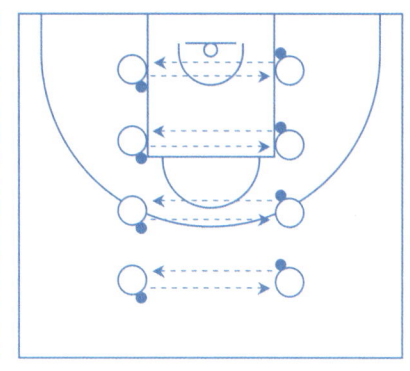

图 5-3-13　　　　　　　　　　图 5-3-14

（4）菱形传接球。

- 如图 5-3-15、图 5-3-16 所示，将全队分成人数相等的 4 组，分别站在半场的 4 个角，每组相距约 4 米。
- 确定一组作为练习的起点，这组的第一名队员持球。
- 练习开始，持球队员传球给对角的第一名队员后沿传球方向的右侧跟进，跑到接球那一组的队尾。
- 接到球的队员立即传球给自己右边那一组的第一名队员，然后跑向那一组的队尾。
- 接到球的队员立即传球给对角的第一名队员，然后沿右侧跑向那一组的队尾。
- 接到球的队员则将球传给自己对角那一组的第一名队员，并跑到那一组的队尾。
- 球和队员在场地中穿梭和移动，形成"X"形的路线。

> 练习要点
> o 重点强调传接好球及处理好球。
> o 通过此练习培养队员的团队合作精神，这有助于提高队员移动意识及传接球的配合意识。

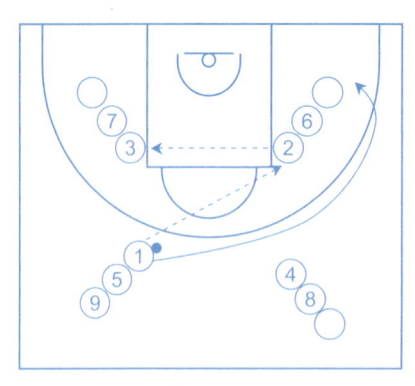

图 5-3-15 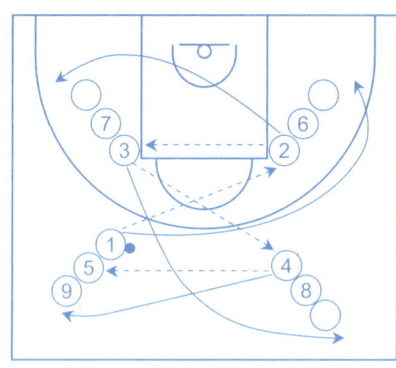　　　　　　　　　　　图 5-3-16

（5）四角传接球。

- 如图 5-3-17 至图 5-3-20 所示，队员分成人数相等的 4 组，成纵队分别站在半场的 4 个角上，相对站立的 ②、④ 持球。
- 相对站立的 ①、③ 快速跑向罚球圈，并分别接 ②、④ 的传球。
- 当 ①、③ 接到球后迅速传球给自己相对方向的 ⑦、⑤，然后沿传球方向跑至对面的队尾。
- 当 ⑤、⑦ 接到球后，②、④ 跑向罚球圈接 ⑤、⑦ 的传球。
- 按此方法连续进行传接球练习。

> **练习要点**
> ○ 传球必须及时准确，避免失误。
> ○ 练习中队员之间要相互交流并快速跑动。
> ○ 着重提高移动中传接球技术，培养团队合作精神。

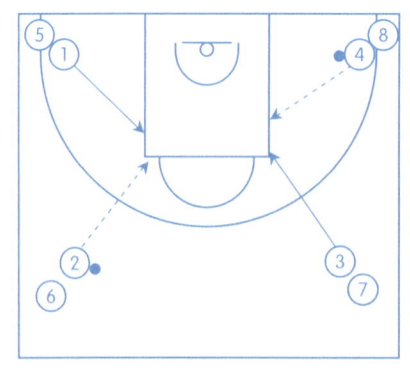

图 5-3-17 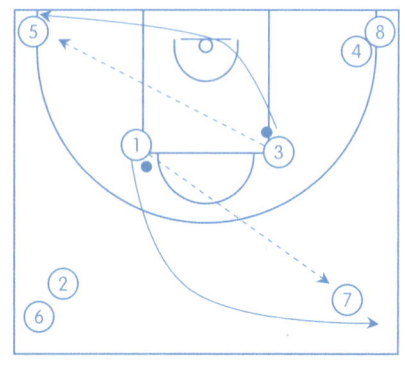　　　　　　　　　　　图 5-3-18

图 5-3-19　　　　　　　　　　　图 5-3-20

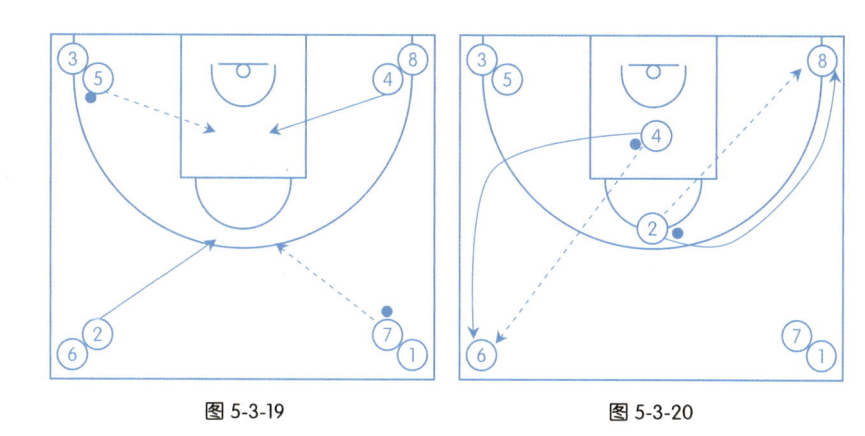

（四）投篮

1. 投篮技术要点——BEEF（平衡、瞄篮、手肘动作、跟随动作）

（1）平衡。

- 投篮者两脚开立与肩同宽，身体重心在前脚掌上。
- 脚尖及肩朝向篮筐，双膝弯曲保持基本姿势。
- 当接到球或运球结束后准备投篮时，做好投篮的准备姿势。

（2）瞄篮。

- 队员确定瞄准点（篮圈或者篮板）。
- 投篮时，队员的目光应当注视瞄准点（篮圈或者篮板），直到球出手。

（3）手肘动作。

- 投篮时，球应自下而上从投篮准备姿势过渡到投篮姿态。
- 队员的肘部在球的正下方，球应当在头的前方。
- 手肘和手腕应当与球篮成一条直线向篮筐方向伸展。
- 投篮用力时应向前上方抬肘、伸臂、屈腕、拨指。

（4）跟随动作。

- 朝目标（篮圈或篮板）方向抖腕和拨指并使球后旋。
- 出手后手臂保持投篮姿态停在高处。
- 要保持手的跟随动作直到球碰到篮圈或篮板。

2. 执教提示

- 所有的队员都应该靠近篮筐位置开始练习投篮。
- 队员应当始终运用正确的投篮技术。
- 要让队员明白，非投篮手仅仅是保持球的平衡，在任何情况下都不参与投篮用力。
- 必须有适合小队员使用的低篮球筐和小篮球，如没有低篮球筐，教练员可以在墙面上设置投篮目标。

3. 练习方法示例

（1）仰卧投球。

- 如图 5-3-21 至图 5-3-23 所示，队员仰卧于地板上，持球做好投篮准备姿势：屈肘靠近身体，投篮手持球端平靠近肩部。

图 5-3-21

图 5-3-22　　　　　　　　　　图 5-3-23

- 竖直向上投球：伸臂、压腕、拨指，柔和地将球向上投出，投出的球应是竖直上下的。
- 平衡手不要辅助发力，它的作用只是保持球的平衡。

- 要向上伸臂、抖腕，形成球的后旋，球出手后，手臂伸直保持压腕动作。
- 用投球手掌外缘和手指接下落的球，接球后回到初始位置。

> **练习要点**
> o 强调压腕、拨指，放松地跟随动作和使球后旋的动作要领。
> o 练习正确的投篮出手动作，使投篮动作连贯、柔和、舒展、流畅。

（2）基本投篮动作练习。

- 如图 5-3-24 至图 5-3-27 所示，队员持球站在距离球篮 1 米的地方（正对篮筐或一定角度）。

图 5-3-24

图 5-3-25

图 5-3-26

图 5-3-27

- 两脚开立与肩同宽，屈膝，肩正对投篮目标（篮筐前沿或篮板上白框的上角），投球手持球，掌心向上置于体前。
- 做好投篮准备动作，投球手肘部指向地面，手腕后翻，手掌平伸（就像端盘子一样），手指自然张开握球。
- 投篮时双腿发力，球出手时脚尖离地，保持平衡。
- 球从指尖投出，队员要在球出手后手臂伸直跟随，手腕下压。
- 在球碰到目标前，始终保持出手后的跟随动作。
- 队员自抢篮板球后，在不同位置重复上述过程，每天至少练习 30 次。

> **练习要点**
>
> 此练习主要帮助队员形成正确的投篮技术，初始练习在距离球篮 1 米的地方开始，最远距离不要超过 4 米。年龄较大或身体强壮的队员，平衡手不参与投篮；小队员可用平衡手参与投篮。

（3）篮下两队移动投篮。

- 如图 5-3-28 所示，队员成两列纵队站在端线与限制区线交汇处后面，每队拿 2 个球，其中一队的排头队员不持球。
- 不持球的排头队员向另一侧的低策应位置切入，接另一队第一名队员的传球投篮或上篮，并自抢篮板球后排到另一队的队尾。
- 传球队员将球传出后，立即切入到另一侧的低策应位置接球上篮，按以上方法依次练习。
- 改变投篮位置和投篮方式进行同样的练习：低策应位置近距离投擦板篮、投空心篮、行进间投篮、罚球线两端投篮等。

> **练习要点**
>
> ο 强调移动时接球投篮的步法及上篮的步法，着重练习投篮的基本动作：投篮时用力顺序，抬肘、伸臂、屈腕、拨指，跟随动作。
>
> ο 规定练习时间，用每队的累计进球数和投篮数来控制此练习。例如，规定在一个投篮位置必须投进 10 个球。

（4）切入上篮。

- 如图 5-3-29 所示，队员排成两队，用 2 个球。

- ③向篮下切入并准备接球上篮，同时①向前运球，做假动作后将球传给③并跟进抢篮板球。
- 当第一组队员投篮并抢获篮板球后，第二组队员开始练习。
- 跟进的①抢获篮板球后将球传给⑤，按上述方法依次练习。

> **练习要点**
> ○ 反复强调上篮的动作要点："一大二小三高跳"、侧身转肩、保护球、出手动作柔和、保持身体平衡。
> ○ 传球者要运用眼神和传球等假动作。
> ○ 在球场左右两侧交替进行练习。

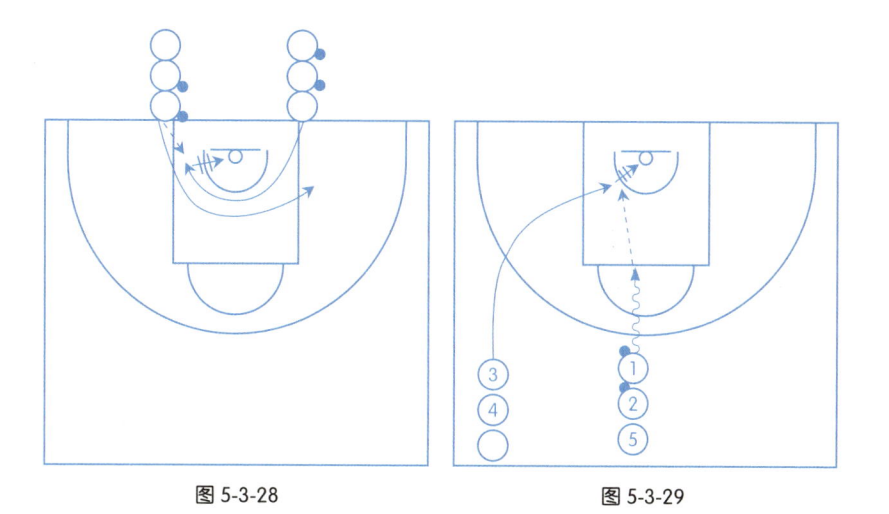

图 5-3-28　　　　　　　图 5-3-29

（五）一打一技术

1. 投篮假动作要点

- 运用投篮假动作的目的是诱使防守队员相信进攻队员将投篮。
- 当防守队员被误导失去重心时，进攻队员抓住机会突破防守。
- 投篮假动作应与真正投篮时的初始部分没有区别。
- 从三威胁姿势开始转化为投篮动作，重心降低，向上举球。
- 随后队员将球收回腰间，或是开始运球突破。
- 投篮假动作的重点在于保持低重心，以便迅速连接下一个进攻动作。

2. 探步动作要点

- 探步是进攻队员用以摆脱防守使用的步法，探步假动作（造成将向某个方向移动的假象）应使防守队员做出相应的反应。
- 应当首先确定中枢脚并在整个过程中不能移动。
- 当抬起另一只脚做探步时，中枢脚要积极蹬地，但要注意中枢脚不能抬起离开地面。
- 队员向斜前方探步时要具有攻击性，并随着探步脚的方向摆动引球，使防守队员相信他将向这个方向移动。
- 进攻队员要观察防守队员的反应以便采用合理的进攻动作。

3. 练习方法示例

（1）体前变向探步练习。

- 队员2人一组持一球。
- 持球队员向防守队员运球，但要在离防守队员不是太近时体前变向运球。
- 在变向换手运球后马上后撤并做探步动作，向相反方向突破防守。

> **练习要点**
> 持球队员要观察防守队员的反应以便采用合理的探步动作。左右手都要练习，之后攻守角色交换。

（2）不同位置一对一持球突破。

- 如图 5-3-30、图 5-3-31 所示，队员●持球站在篮下，队员○站在队员●与端线之间。

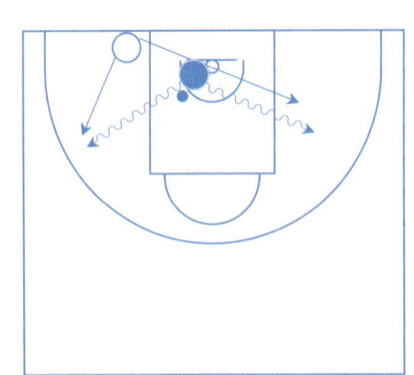

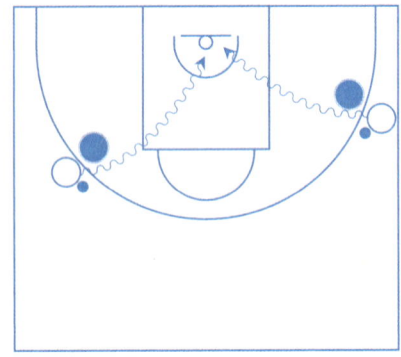

图 5-3-30 图 5-3-31

- 队员●运球至三分线任意地点，放下球后做好防守姿势，队员○紧跟着队员●，捡起球并做好三威胁姿势。
- 2 名队员进行一对一攻防练习，直到队员○得分或队员●成功防守。假如队员●犯规，队员○继续拥有球权，进攻队员只允许运球 3 次。

> **练习要点**
> ○ 持球队员每次应将球运至不同的地点。
> ○ 队员捡起球后应面向球篮平行站立，以便观察场上情况。
> ○ 进攻队员要运用投篮假动作或探步动作使防守队员失去重心。

（3）投篮假动作接突破。

- 如图 5-3-32 所示，队员○站在靠近低策应区的三分线外，队员●持球并作为防守靠近队员○站立。
- 队员●将球传给队员○，队员○接到球后保持低重心的准备姿势。
- 队员○以左脚（位于球场左侧时）为中枢脚转身面向端线，做强力起跳投篮的假动作，并将球置于额前。
- 队员○用远离队员●的手大力运球向篮下突破，保持低重心并向篮下快速运球。
- 假如队员●对队员○的投篮假动作没有反应，则队员○可直接跳起，在空中做好面向篮圈的投篮姿势并出手。

> **练习要点**
> ○ 队员○必须保持屈膝降重心直到做投篮假动作。
> ○ 队员应在半场两侧均进行练习。

（4）探步接交叉步持球突破。

- 如图 5-3-33 所示，队员分成两组，分别站在球场边线附近。○组进攻，●组防守，两组的第一名队员首先开始攻守练习。
- 进攻队员○持球，用右脚先朝自己的右侧前方迈半步（探步），同时将球引向身体右侧，而防守队员及时向右侧移动封堵。
- 此时，进攻队员以左脚为中枢脚，右脚积极蹬地向左侧前方迈一大步，并将球引向身体左侧。
- 进攻队员用左手运球向篮下突破，同时始终将自己的身体保持在球与防守队员之间以便保护球。

> **练习要点**
>
> ○ 用探步动作诱使防守队员失去重心，突破时蹬跨动作必须迅速有力，持球突破果断、突然。
>
> ○ 此练习可在半场的另一侧进行，也可在罚球弧顶进行。

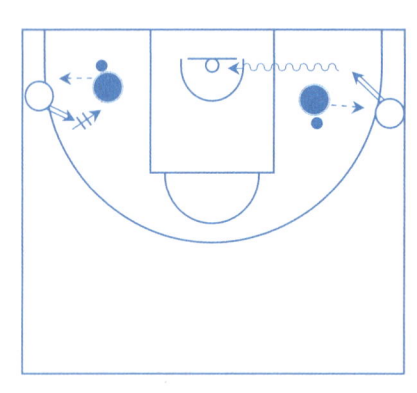

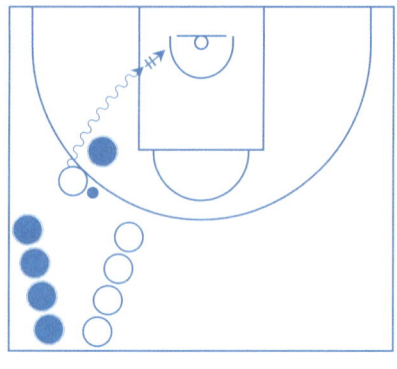

图 5-3-32　　　　　　　　　　图 5-3-33

（六）防守持球队员

1. 防守持球队员的要点

（1）防守持球队员的基本姿势。

- 正确的防守姿势有助于保持平衡及防守滑步。
- 两脚分开比肩稍宽，脚尖向前，后背挺直，抬头。
- 双膝微屈，身体保持平衡，不要前倾，重心在前脚掌而不是在全脚掌。

（2）手的位置（防守运球队员时）。

- 防守主要依靠脚步移动，但合理的双手位置也非常重要。
- 一只手侧下伸展防守进攻队员运球，另一只手上扬防止进攻队员传球。
- 脚下积极移动，始终将运球队员防守在身前，不要因为掏球而失去身体平衡。

（3）手的位置（当进攻队员停止运球时）。

- 双手上举并随球移动进行封堵。
- 队员要保持双膝微屈，抬头，挺背。

（4）防守滑步动作要点。

- 队员应运用滑步防守运球的进攻队员。
- 滑步时，队员的双脚要保持比肩稍宽，双脚不要交叉或并拢。
- 保持身体平衡，身体重心在前脚掌。
- 向进攻队员移动方向滑动时，前脚迈出，后脚蹬地（随后滑动）。

2. 练习方法示例

（1）集体防守练习。

- 如图 5-3-34 所示，队员面向教练员站成一排，相互间保持一定间隔。
- 教练员先演示，然后队员开始练习以下内容：

  站姿：队员降低重心保持防守姿势。

  碎步：在防守姿势下，队员快速进行防守碎步练习。

  滑步：队员根据教练员所指方向进行滑步。

  转身：按教练员所指方向快速转身。

  篮板球：教练员手指向上，队员跳起双手抢篮板球。

- 教练员要逐个为队员讲解、示范上述练习，待队员们对练习理解后，教练员要带领队员进行逐一练习。
- 开始时练习 1 分钟，休息 20 秒。

> **练习要点**
>
> 练习时需要队员保持积极状态，应设法使练习变得具有趣味性。

（2）限制区脚步练习。

- 如图 5-3-35 所示，队员站在端线与限制区边线交点处，首先沿着限制区的边线冲刺跑至"肘区"。
- 当队员到达"肘区"后，保持防守姿势沿着罚球线向另一侧"肘区"滑步。
- 到达另一侧"肘区"后，沿着限制区腰线向端线做后退跑，踩到端线后，保持防守姿势沿端线向起点滑步。

> **练习要点**
> ○ 脚步动作的顺序：向前短距离冲刺跑、防守滑步、后退跑、防守滑步。
> ○ 记录 30 秒内队员绕限制区移动的次数。
> ○ 强调保持滑步动作的准确性与规范性。

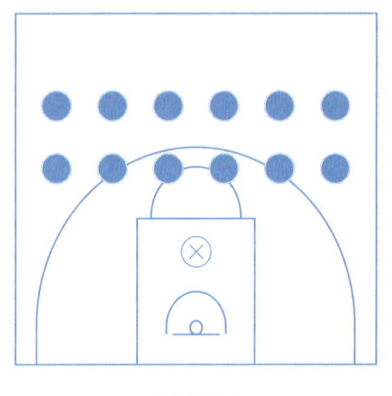

图 5-3-34　　　　　　　　　　图 5-3-35

（3）"之"字形滑步练习。

- 如图 5-3-36 所示，队员面向端线以防守姿势站在场角，教练员吹哨后，队员向着摆放于"肘区"的第一个锥筒滑步。
- 当队员到达"肘区"后，队员以离"肘区"最近的脚为中枢脚，后撤步向着边线上的下一个锥筒继续滑步。第一名队员经过"肘区"后，第二名队员开始练习。
- 队员保持"之"字形滑步直到对面端线。队员到达对面端线后，转身并快速沿端线向对侧场角冲刺跑。
- 到达对侧场角之后，队员重复"之"字形防守滑步，回到他开始练习的端线处。

> **练习要点**
> 队员在保持低重心滑步过程中要注意抬头、直背，眼睛平视前方，不要交叉或并步。

（4）一对一防守练习。

- 如图 5-3-37 所示，两名能力相近的队员一组站在场角，持一球，一人进攻，另一人防守。

- 进攻队员向着场地对面运球行进，先向左侧运 3 次球，随后体前变向，再向右侧运 3 次球。
- 练习过程中防守队员要始终处于进攻队员的前方，保持正确的防守滑步姿势。
- 到达对面端线后，进攻和防守交换角色，重复练习返回。

练习要点

o 练习时强调进攻队员不要试图去投篮得分，重点在于练习防守队员防守姿势和滑步动作。

o 防守队员的目标是迫使进攻队员不断地改变运球方向，重点练习脚步移动，不要试图用手触碰球。

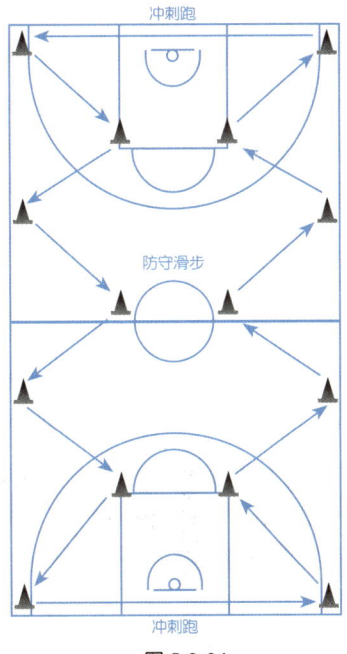

图 5-3-36

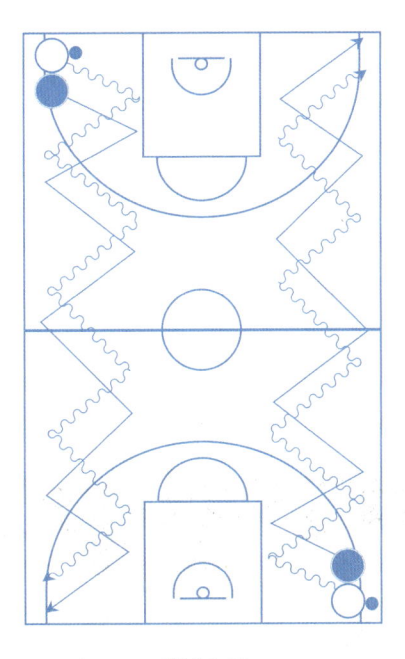

图 5-3-37

四、专项训练阶段：11~15岁（女）、12~16岁（男）

（一）运球

1. 运球教学训练要点

- 拓展运球技术动作方法。
- 改进左右手的运球速度、控制运球、变向和变速运球及后退运球。
- 改进和发展防守下的运球能力。
- 培养运球时的观察判断能力。
- 改善运球的节奏以及与其他技术的结合。

2. 练习方法示例

（1）抗阻运两球练习。

- 队员2人一组持两球，一名队员保持良好的运球姿势，从底线开始交替运两球。
- 同伴对运球者的肩膀、臀部和膝盖外侧施加压力和阻力。
- 运球队员要保持强对抗运球姿势，抵抗阻力时保持稳定。
- 运球至中线时，运球队员变成同时运两球。
- 然后，同伴到运球队员身前，双手放在他的肩膀上，阻止运球队员向前运球突破。
- 完成规定时间后，两人交换继续练习（图5-4-1至图5-4-3）。

图5-4-1　　　　　图5-4-2　　　　　图5-4-3

练习要点

确保同伴与运球队员的接触是有助于训练的，鼓励运球队员敢于在对抗中运球并保持对球的控制。

（2）"四线"运球。

- 如图5-4-4所示，队员分成两组分别站在球场端线后，每组第一名队员持球。教练员发出指令后，队员在原地运球，强调运球的基本动作要领。
- 教练员再次发令后，队员运用体前变向换手运球，在运球至中场之前要重复3次体前变向换手运球。到达中线时跳步急停，然后运球后转身，依照同样方法运球回到起点，当队员完成一组练习后排到本队的队尾。
- 在进行下一轮练习时，队员改用运球后转身、半后转身运球或者其他多种运球方式。

> 练习要点
> ○ 运球时必须注意运用保护球的动作技巧。
> ○ 保持抬头，眼睛注意教练员的手势变化。
> ○ 集中注意力，左右手交替练习。

（3）变向运球上篮。

- 如图5-4-5所示，队员分成两组靠近中线成纵队站立，两名教练员分别站在罚球线延长线的两侧。
- 每组的第一名队员向端线方向运球，当靠近教练员时，在教练员面前变向换手运球突破。

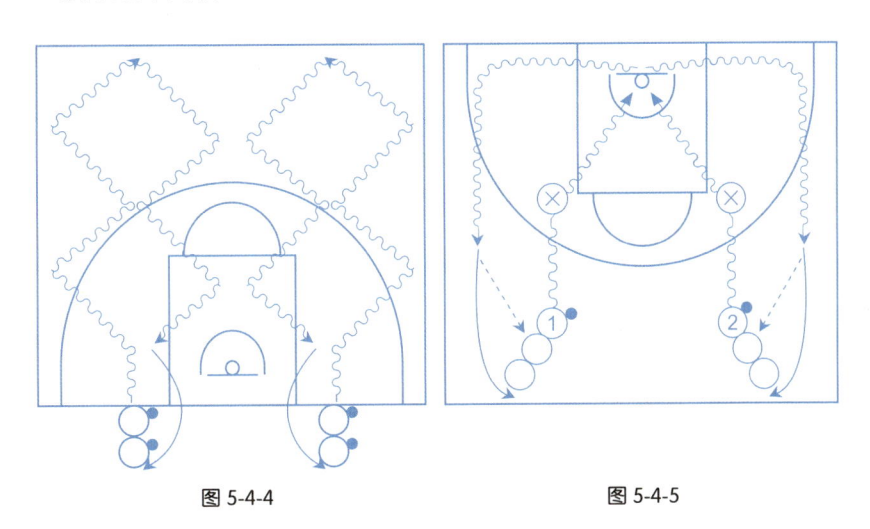

图 5-4-4

图 5-4-5

- 突破后加速运球上篮，抢获篮板球后从球场外侧运球返回到另一组，将球传给下一名队员后排到本队队尾。
- 队员在下一轮练习时改为运球后转身、胯下、背后、体前变向不换手运球。

> **练习要点**
> ○ 要求变向运球后必须加速突破。
> ○ 灵活运用多种变向运球方式突破，强调运球时抬头观察场上情况。

（4）一对一攻防运球。

- 如图 5-4-6 所示，将队员配对分组，每组持一球，一名为防守队员，另一名为进攻队员，站在三分线弧顶附近。
- 队员站好位置后便开始练习，进攻队员○试图突破防守队员●直接运球上篮；而防守队员●则试图占据良好的防守位置防止进攻队员○运球突破。
- 队员被限制在以罚球线为宽度、以端线到中线的距离为长度的长方形的范围内。

> **练习要点**
> ○ 着重提高在防守情况下运用假动作及变速、变向运球的能力。
> ○ 强调防守的脚步动作和身体平衡的技巧。

（5）运球摆脱防守。

- 如图 5-4-7 所示，2 人一组，每组一球靠近中线站立，○为进攻队员，●为紧逼防守队员。
- 教练员吹哨后，进攻队员开始运球，以尽可能长时间控制球为目的；防守队员尽其所能抢打球，迫使进攻队员失误，或者迫使其停止运球。
- 运球队员失误或者停球后交换攻防。
- 教练员可以在练习中增加 1 名防守队员，形成二防一，以提高运球者保护球的难度；还可以通过限定进攻队员活动区域来提高练习的难度（如限定在半场的一半区域内进行练习）。

> **练习要点**
> ○ 练习要求队员在快速中完成，以提高运球队员在紧逼防守下的控球能力。
> ○ 要求队员左右手交替运球，运用变向运球和运球转身技术，并强调运球时抬头观察。

图 5-4-6　　　　　　　　图 5-4-7

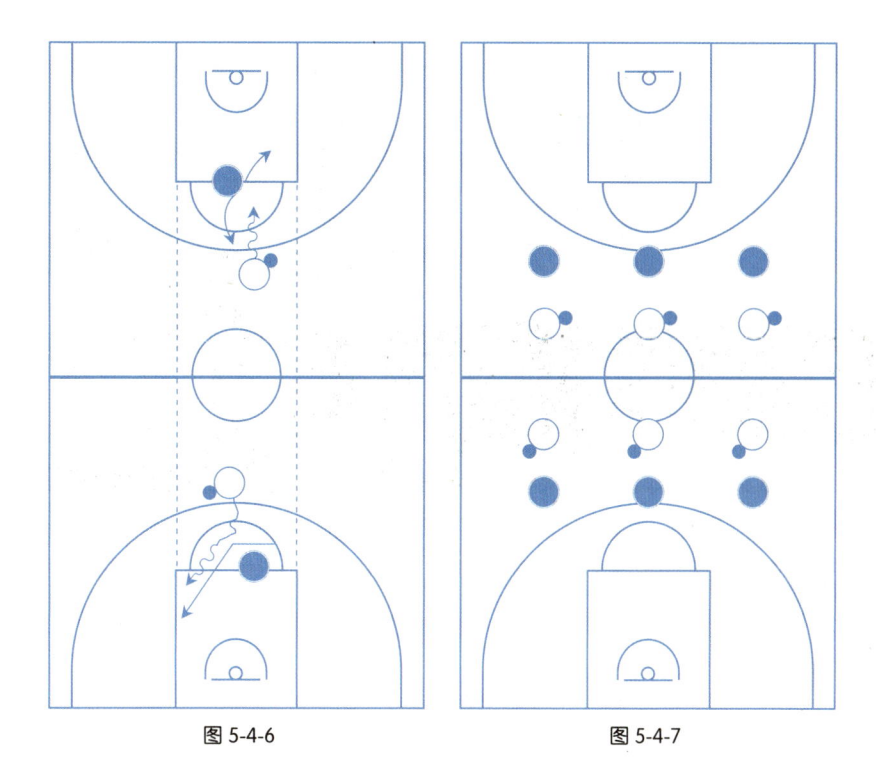

（二）投篮

1. 投篮教学训练要点

- 复习改进 BEEF（平衡、手肘、瞄篮、跟随）技能。
- 用"完美"的投篮姿势投篮。
- 复习改进上篮技巧。
- 程式化罚球训练。
- 扩展投篮动作方法：要求从不同角度、以不同速度、在不同范围进行运球急停和接球急停投篮、简单配合下的接球或运球投篮。
- 在防守情况下进行投篮和上篮练习，强调正确阅读防守。

2. 练习方法示例

（1）碰板投篮塑形练习。

- 队员 2 人一组持一球，一名队员靠近篮筐站立，用碰板方式投篮 8 次，另一名队员抢篮板球传给投篮队员，完成 8 次投篮后两人交换。

- 尽可能投出高弧度的球，以便球下落时碰到篮板。（图 5-4-8 至图 5-4-10）

图 5-4-8　　　　　图 5-4-9　　　　　图 5-4-10

练习要点

队员不要投空心篮，只允许靠近篮筐投擦板篮，要求队员集中精力把球投得又高又柔和。

（2）勾手投篮练习。

- 练习开始时队员站在限制区内篮筐的右侧，运用右手勾手投篮，尽量在球落地前抢获篮板球。
- 然后移动到篮筐的左侧，用左手勾手投篮，尽量在球落地前抢获篮板球。
- 以此方法继续练习一定的时间或一定的投篮次数（图 5-4-11 至图 5-4-13）。

图 5-4-11　　　　　图 5-4-12　　　　　图 5-4-13

> 练习要点
>
> ○ 强调正确的脚步动作，右手勾手投篮时，左脚单脚起跳；左手勾手投篮时，右脚单脚起跳。
> ○ 队员投篮时要保证持球在肩的上方。

（3）"3-2-1"计分投篮。

- 如图 5-4-14 所示，每名队员将在 9 个位置投篮。
- 每个位置投篮包括 1 次 3 分试投、1 次做投篮假动作后突破接急停跳投、1 次行进间上篮。
- 从球场一侧开始练习，依次在 9 个位置投篮。同伴抢篮板球并回传给投篮队员，每个位置做完 1 次投篮，2 名队员交换练习。
- 队员相互比赛，记录各自得分，命中一个 3 分球得 3 分，跳投命中得 2 分，上篮成功得 1 分，负者做俯卧撑。

> 练习要点
>
> 这个练习既有趣又强调竞争，先将队员两两配对，强调提高从不同角度投篮和上篮的能力。

（4）压力条件下投篮。

- 如图 5-4-15 所示，该练习需要 1 名教练员和 1 名队员。练习开始，教练员传球给"肘区"的队员○跳投。
- 队员○跳投后快速移动触摸远端的边线，教练员在队员○投篮后抢篮板球。
- 队员○触摸边线后迅速跑至另一侧"肘区"，接教练员的传球跳投。
- 以此方法连续练习，当队员○投中达到一定数量（比如 10 个）时练习结束。

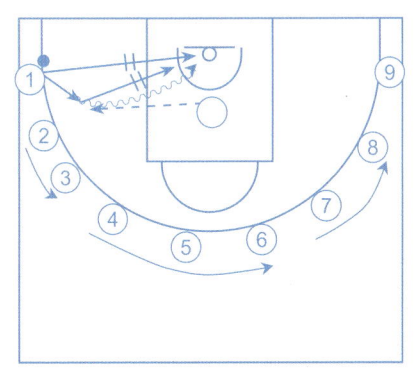

图 5-4-14 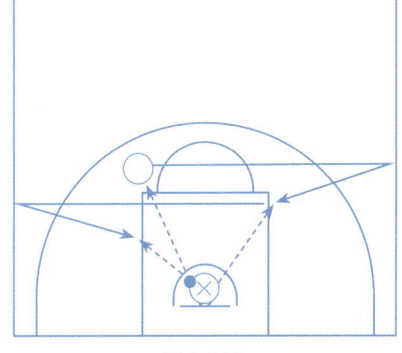　　　　　　　　图 5-4-15

> **教学要点**
> ○ 如果同时有 2 名队员练习，可以让他们比赛，看谁先在规定的区域投中 10 个球。
> ○ 尽管这个练习强度很大，容易疲劳，但是要强调队员保持正确的投篮姿势和规范的投篮动作。

（5）三角传球投篮。

- 如图 5-4-16 所示，3 人一组持一球站成三角形。
- 持球队员沿罚球线传球给另一队员，然后向下给低策应位置的队员做掩护。
- 完成掩护后转身，无人防守的情况下向篮下切入接传球投篮，如果被严防则移动到限制区的另一侧。
- 继续重复练习三角传球，如图 5-4-17 所示，当有机会时队员可以投篮。

> **教学要点**
> ○ 着重练习移动中接球急停跳投及上篮技术。
> ○ 强调正确的掩护技巧及罚球区一侧拉空的重要性。

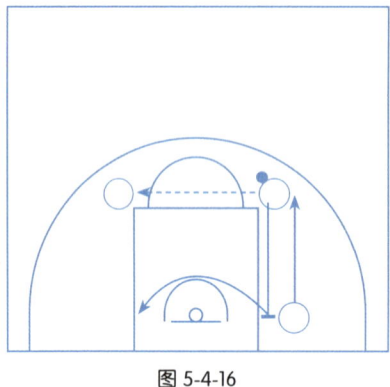

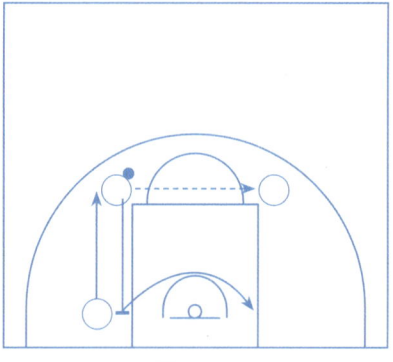

图 5-4-16   图 5-4-17

（三）传接球

1. 传接球教学训练要点

- 进一步拓展传球动作方法。
- 加快传接球速度。
- 介绍持球和传球假动作。

- 提高防守情况下的传接球能力。
- 培养传球时的观察判断能力。
- 简单配合下的传球练习（切入后传球、传球后切入、突破后传球）。

2. 练习方法示例

（1）快速反应传球练习。

- 如图 5-4-18 所示，队员在罚球线后站成一队，排头的队员持球以三威胁姿势站好，并且闭上眼睛。
- 2 名队员分别站在限制区两侧低策应位置，第四名队员去防守这 2 名队员中的一人。
- 教练员的哨声一响，持球队员睁开眼睛，要快速反应并且将球传给无人防守的队员。队员接球后完成上篮，防守人力争防守其进攻得分。
- 然后传球队员轮转至上篮队员的位置，上篮队员轮转为防守人，原先的防守人排至罚球线队尾。

> **练习要点**
> ○ 持球队员完成传球之前，防守人不得离开自己防守的队员，以使持球队员能做出快速反应并将球准确地传给同伴。
> ○ 加强防守强度，以提高在防守下创造投篮机会的能力，接球者力争在防守干扰下完成进攻投篮。

（2）内外线传球练习。

- 如图 5-4-19 所示，两侧边翼及限制区两腰各站 1 名队员，其他队员分成 2 组，成纵队站在三分线弧顶位置，每组的第一名队员持球。
- 每组的第一名队员传球给同侧边翼的队员。
- 站在两侧边翼的队员接球后用反弹传球或高吊传球方式，将球分别传给站在同侧限制区腰部位置的中锋队员。
- 中锋队员接球后向外传球给站在三分线弧顶外另一侧的第二名队员。
- 站在三分线弧顶的每组第一名队员换到同侧边翼位置，边翼队员换到同侧限制区腰部位置，站在限制区腰部位置的队员换到另一侧的队尾。按上述方法持续练习。

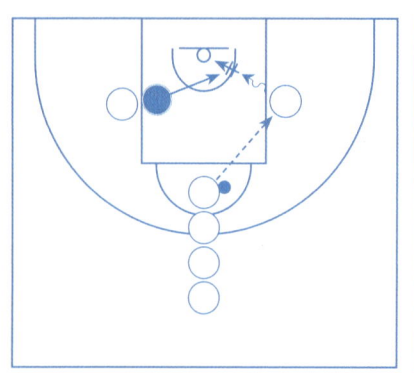

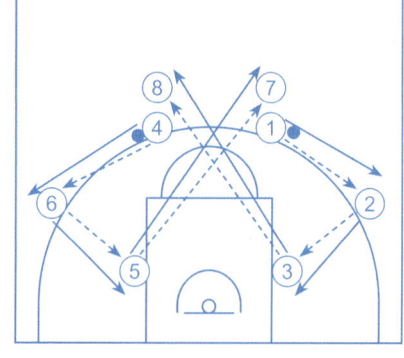

图 5-4-18　　　　　　　图 5-4-19

> **练习要点**
>
> ○ 当给位于边翼的队员传球时，应尽量将球传到远离防守的一侧。
> ○ 当给策应位置的中锋队员传球时，中锋队员应该用身体卡住防守者，用外侧手接球。
> ○ 练习中要喊出接球队员的名字，这将有助于加强队员之间的沟通。

（3）快攻一传及长传球练习。

- 如图 5-4-20 所示，将队员平均分成两组。其中一组站在限制区外篮下位置，至少持两个球，另一组站在同侧边翼的边线外。

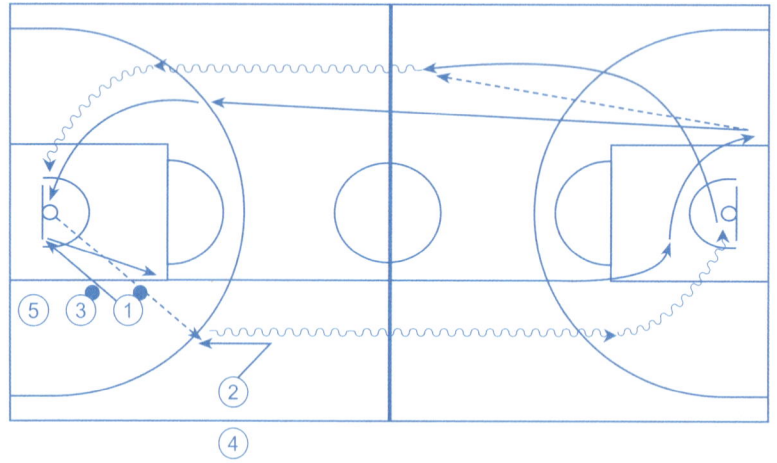

图 5-4-20

- 篮下的第一名队员将球抛向篮板，抢下篮板球后传球给边线外的第一名队员，该队员接到球后快速运球至另一端上篮。
- 传球队员跟随运球队员向前场跑动，抢获篮板球后持球到端线外，运球队员上篮后立即沿边线快下。站在端线的队员直接传球给跑到中线附近的快下队员，该队员接球后运球上篮，传球队员跟进跑至篮下抢篮板球。
- 第二组队员在第一组队员完成第一次上篮后开始练习。
- 第一组队员完成练习后将球传给端线后的下一名队员，2名队员交换位置站到另一组队尾。

练习要点

o 篮下的队员抢篮板球要求球在最高点时将球抢到并将球保持在头上位置，并快速地传给边线接应队员。
o 为了使队员传出准确的长传球，要反复强调传球技巧，以及控制好球的旋转。

（4）快速推进传球及长传球练习。
- 如图 5-4-21、图 5-4-22 所示，队员 3 人一组持一球，从端线开始快速传球推进，队员应保持在各自的直线线路上，球不能落地。

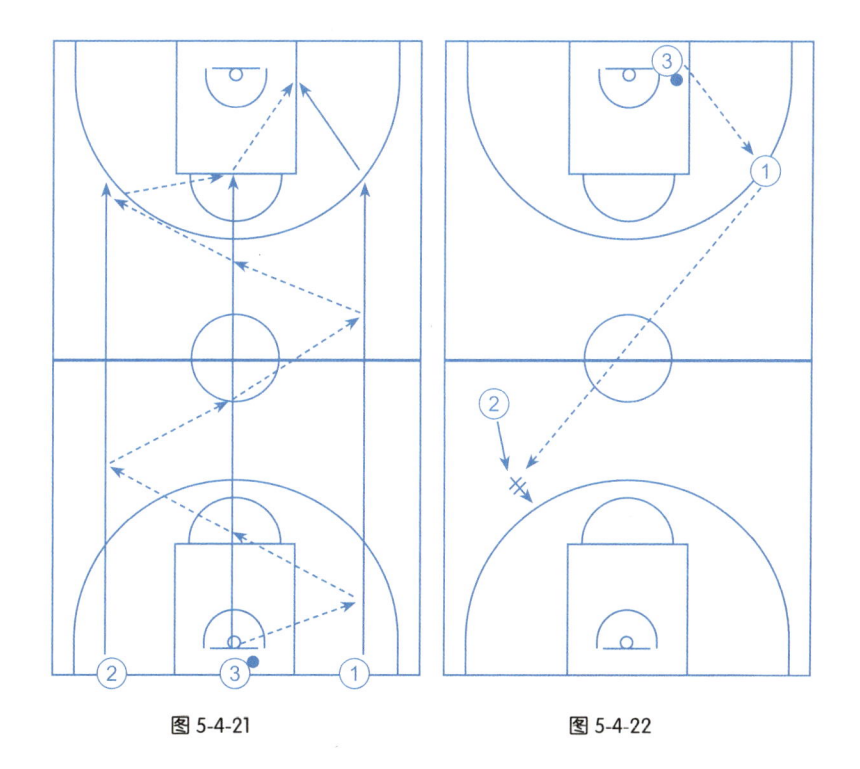

图 5-4-21　　　　　图 5-4-22

- 快速传接球推进至对侧篮下后，队员 ① 接球上篮，队员 ③ 抢篮板球，队员 ② 拉开准备快下。
- 队员 ③ 抢获篮板球后，快速传球给接应的队员 ①，队员 ① 接球后立即长传球给快下的队员 ② 上篮。

> **练习要点**
>
> ○ 跑动中的传接球要求快速、准确，以提高快速移动中的传接球技术，培养团队合作精神。
> ○ 练习中要强调准确的长传球及跑动路线等基本功。

（四）外线持球移动

1. 外线持球移动教学训练要点

- 投篮假动作后顺步突破。
- 投篮假动作后交叉步突破。
- 投篮假动作后干拔跳投。
- 试探步后投篮。
- 试探步后顺步突破。
- 试探步后交叉步突破。
- 以上动作的组合。

2. 练习方法示例

（1）投篮假动作接顺步突破接后转身投篮。

- 如图 5-4-23 所示，队员○站在限制区外一步半距离的位置。队员●持球并作为防守靠近队员○站立。
- 队员●将球传给队员○，队员○接球后做投篮假动作，然后向限制区中间顺步突破。
- 当队员○感觉接触到队员●时，运球后转身，并以右脚为中枢脚跨步急停面向球篮投碰板篮。
- 练习一定次数后攻防交换，并在左右两侧均进行练习。

> **练习要点**
>
> ○ 队员○要注意屈膝降低重心，投篮假动作要逼真，顺步突破时注意不要走步。
> ○ 运球后转身接跨步急停，脚步要连贯协调，投篮时起跳突然有力。

（2）接触后一对一持球突破。

- 如图 5-4-24 所示，队员●站在篮下，队员○站在场角。
- 队员●胸前传球给队员○，队员○接球后在队员●上前防守时做准备投篮的假动作。
- 当队员●接触队员○的臀部后，两人进行一对一攻防。
- 进攻队员得分、失误，或防守队员抢到篮板球、抢断球，以及犯规时练习中止。若进攻队员得分或防守队员犯规，进攻队员继续拥有球权，其他情况攻守交换。
- 计分规则：投中计 1 分，犯规扣 1 分，某队员得 9 分后，练习结束。

> **练习要点**
> ○ 投篮假动作要逼真，可采用交叉步或顺步突破进攻。
> ○ 强调队员运用假动作（投篮假动作或探步假动作）突破的能力，同时训练队员把握持球突破的时机。

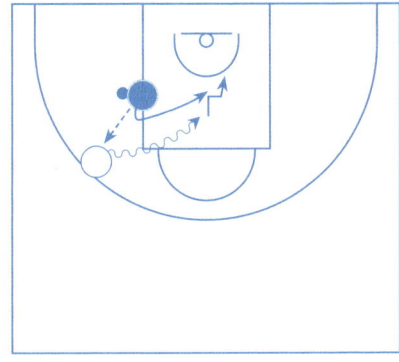

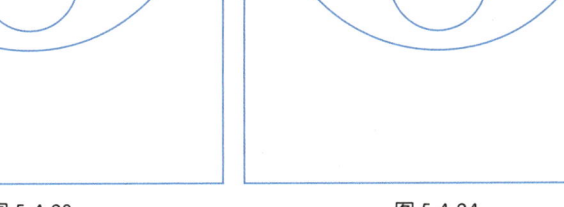

图 5-4-23　　　　　　　　图 5-4-24

（3）"Jim Paxson"式持球突破。

- 如图 5-4-25 所示，队员○和队员●站在限制区的左侧，队员○持球进攻，队员●防守。
- 队员○持球做投篮假动作或探步假动作，然向篮下突破进攻，队员●在他的一侧防守，当队员○靠近篮下时放慢速度，让队员●稍微在他的前方。
- 队员○跳步急停，以右脚为中枢脚，左腿为摆动腿，跨步至限制区中间转身勾手投篮。

- 练习一定次数后攻防交换，并在左右两侧均进行练习。

> **练习要点**
> ○ 假动作要逼真，可采用交叉步或顺步突破进攻。
> ○ 训练队员利用速度变化摆脱防守进行投篮的能力，同时训练队员把握持球突破的时机。

（4）虚晃运球突破。

- 如图 5-4-26 所示，队员○持球站在中场，队员●站在罚球线附近。
- 队员○将球置于较低位置，由身前引至体侧，然后向队员●方向运球、急停、继续运球。
- 队员○左右晃动头、肩膀和身体并前后移动，其目的是诱使防守队员失去平衡。
- 队员○在整个突破过程中不能停球，直接向篮下突破上篮。既可用左手上篮，也可换成右手上篮。

> **练习要点**
> ○ 虚晃动作要逼真，以诱使防守队员失去平衡。
> ○ 训练利用虚晃运球突破的能力，同时训练队员把握运球突破的时机。

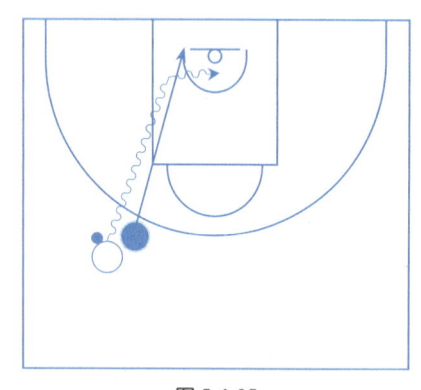

图 5-4-25

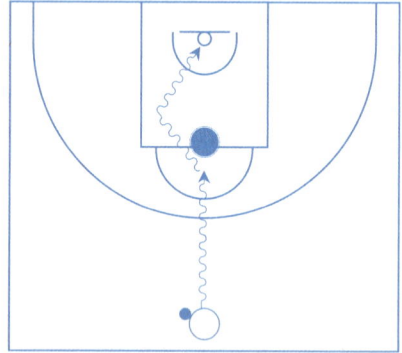

图 5-4-26

（五）外线无球移动

1. 外线无球移动教学训练要点

（1）切入。
- 队员向球切入前，应向球的反方向做1~2步的移动假动作诱使防守失位。
- 切入时，进攻队员应观察防守队员的位置以决定摆脱切入的方向。
- 在球场上传球给原地不动的队员是很困难的，通常还会被防守抢断，所以切入的目的是获得空位接球的机会。

（2）反跑。
- 反跑发生在防守队员紧逼防守进攻队员不让其接球时。
- 反跑的最佳时机是当队友运球靠近时，进攻队员佯装移动上前接球然后突然反跑。
- 向远离篮筐方向移动1步并伸手要球，随后向篮筐方向迅速蹬地并直接切入篮下。

（3)"V"形切入。
- 一种路线似"V"形的切入。
- 外线队员通常利用"V"形切入来获得外线的接球机会。
- 在进行"V"形切入时通常需要变速移动，开始移动较慢，变向时则要突然快速拉开以摆脱防守获得接球机会。

（4）绕切。
- 绕切是指切入队员利用队友掩护后的环形切入。
- 通常是投手在其最佳投篮位置获得球的好方法。
- 经常应用于上线队员为底线队员做掩护时。

2. 练习方法示例

（1）传切换位练习。
- 如图5-4-27、图5-4-28所示，两组队员分别位于侧翼，另一名持球队员站在弧顶。
- 弧顶的持球队员将球传给任一侧翼组的排头队员，然后向篮下切入要球。
- 无球的侧翼组的排头队员换位到弧顶位置。
- 切入队员完成练习后落位于换位一组的队尾。

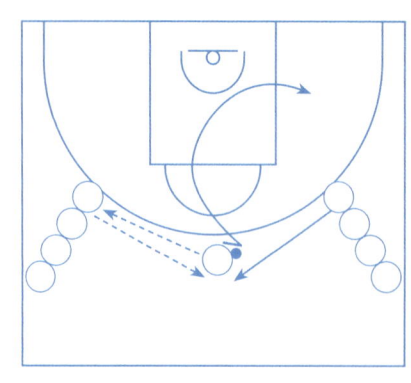

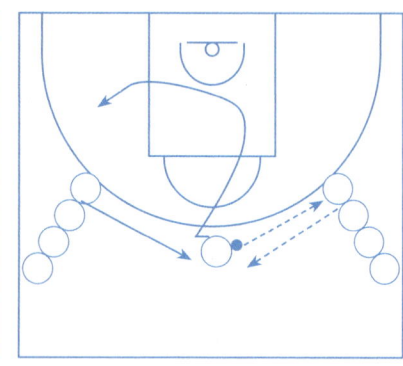

图 5-4-27　　　　　　　　图 5-4-28

- 接球队员将球回传给换位至弧顶的队员。
- 弧顶的队员再将球传给另一侧翼的排头队员，然后向篮下切入要球，重复上述练习。
- 只从弧顶位置切入，两侧队员不切入。

练习要点

○ 位于侧翼的接球队员要伸出双手接球，接球后保持三威胁姿势。
○ 切入队员向篮下切入要突然快速并伸手要球。

（2）填补场角空位练习。

- 如图 5-4-29 所示，队员分成两组，分别位于左右侧翼，其中一组持球。
- 持球一组的排头队员往端线向篮下突破。
- 与此同时，另一侧翼的队员向下移动至场角空位。
- 运球者接近篮下时，将球传给位于场角的同伴投篮。
- 队员抢到篮板球后交换位置。
- 持续上述练习直到投中规定的球数，然后换边进行练习。

练习要点

○ 强调运球队员突进罚球区的首选目标是直接投篮，并及时准确地将球传给接应的同伴。
○ 接应队员掌握好移动的时机及时起动，接球前要伸手并屈膝，做好接到球立即投篮的准备。

（3）反跑接传球上篮。
- 如图 5-4-30 所示，队员分成 2 组。一组站在罚球弧顶后传球，另一组站在侧翼作为投篮队员。
- 练习开始，侧翼队员向篮下做"V"形切入摆脱上提到侧翼位置，外侧手握拳上举（暗示传球队员将做反跑）。
- 当切入队员上提时，传球队员向侧翼运球 2 次。
- 这时侧翼队员再次向篮下切入，传球队员用反弹方式将球传给反跑队员上篮。
- 切入队员投篮后抢篮板球，将球传给罚球弧顶的下一名队员继续练习。
- 传切完成后，传球队员落到侧翼队尾，切入队员落到罚球弧顶队尾。

> **练习要点**
> 切入队员要掌握好反跑时机，起动突然，加速快。传球队员在传球时应向切入队员方向迈步移重心。

（4）"V"形切入练习。

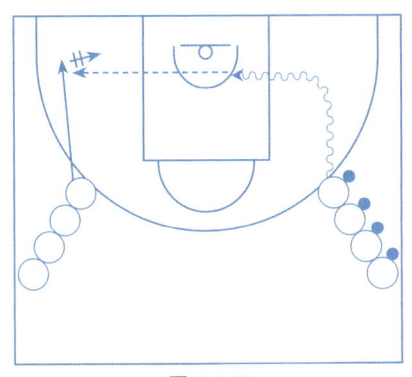

图 5-4-29 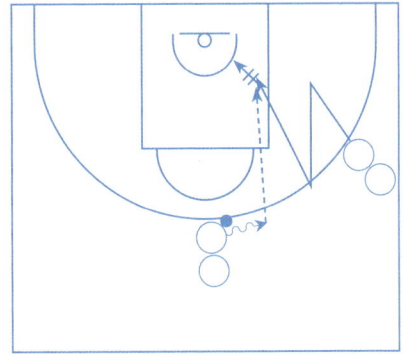　　　　　　　　图 5-4-30

- 如图 5-4-31 所示，队员从 A 点开始练习，首先右脚向前迈一步，紧接着左脚向中圈方向迈一步。
- 屈膝，用左脚前脚掌蹬地转身，加速向篮下切入，同时，右手前伸，五指自然分开，抬头，准备接球，切入至右侧低策应位置。
- 分别从 A、B、C、D 点重复上述"V"形切入各 5 次。
- 在场地另一侧重复上述练习，分别从 E、F、G、H 点以右脚为轴转身切入。

> **练习要点**
>
> ○ 转身及变向时要减小步幅，降低重心，迅速而流畅，通过屈膝及以中枢脚用力蹬地实现变向后的积极加速，控制好身体平稳，抬头平视前方。
> ○ 可改变练习要求，即变向切入前仅用一步，如当向左变向切入时右脚先向右迈一步，而向右变向切入时左脚先向左迈一步。

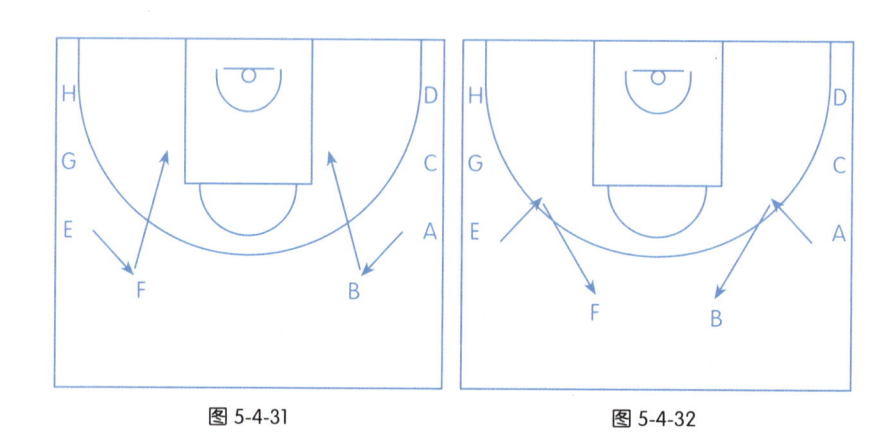

图 5-4-31　　　　　　　　　图 5-4-32

- 如图 5-4-32 所示，队员面对篮圈站在 A 点，首先左脚向前迈一步，紧接着右脚向端线方向迈一步。
- 屈膝，以右脚前脚掌蹬地转身，向罚球弧顶方向切入。分别从 A、B、C、D 点重复上述"V"形切入各 5 次。
- 在场地另一侧重复上述练习，分别从 E、F、G、H 点以左脚为轴转身切入。

（六）内线无球及持球移动

（1）中锋移动抢位进攻。

- 如图 5-4-33 所示，2 名中锋站在低策应区，另 2 名队员持球分别站在左右侧翼。
- 练习开始，2 名中锋队员听到信号后移动换位，1 名中锋靠近罚球线，另1 名中锋队员靠近端线，侧身弧线跑横穿限制区。
- 中锋横穿限制区后抢位要球，侧翼的持球队员用击地方式将球传给中锋。

接球后，中锋可以选择如下方法进攻：

接球后撤步向篮下强攻；

前转身面向球篮跳起投篮；

前转身面向球篮，做投篮假动作，运球急停跳起投篮或上篮。

> 练习要点
>
> 强调中锋接球后，合理选择进攻方式；接球后向底线转身的进攻方法可以避免限制区过度拥挤。

（2）摆脱防守抢位接球进攻。

- 如图 5-4-34 所示，2 人一组进行攻防练习，教练员站在侧翼位置传球。
- 进攻中锋从无球一侧低位开始，采用各种无球移动方法努力摆脱防守队员去接球，防守队员则积极防守不让其接球。
- 中锋可以运用的进攻技术包括：面向球篮移动接球跳投、前转身接变向运球、挤靠运球转身。
- 每名队员均在限制区的两侧轮流练习进攻和防守。

> 练习要点
>
> 进攻队员在摆脱防守时要练习所有的基本脚步动作，该练习的重点是训练中锋摆脱防守抢位接球进攻的基本技术。

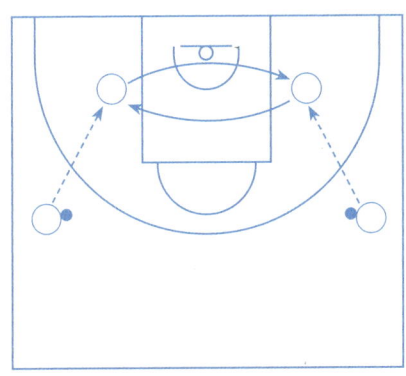

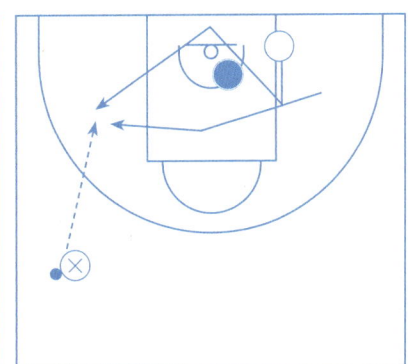

图 5-4-33   图 5-4-34

（3）四对一攻防练习。
- 如图 5-4-35 所示，练习需 4 名进攻队员和 1 名防守队员。
- 球在外线的 3 名队员之间转移，中锋极力摆脱防守抢位接球，防守队员尽力防止中锋接球。
- 中锋可以在高低位策应区之间移动，但不能超过罚球线。
- 中锋接球后，可以运用各种方法向篮下进攻。

练习要点

o 鼓励中锋运用各种移动步法进攻篮下，强调正确的进攻和防守姿势。着重训练中锋摆脱防守在策应位置接球的技术及接球后向篮下攻击的各种步法。
o 该练习可以在无防守或象征性防守情况下进行，也可以给外线进攻队员加上防守，以增加传球的难度。

（4）5 种转身投篮练习。
- 如图 5-4-36 所示，队员持球站在端线，从端线和罚球区边线的交点出发。
- 队员传球给位于弧顶的教练员，快速上提到同侧的"肘区"接回传球，然后练习各种转身投篮动作。
- 队员完成投篮后，下一名队员将球传给教练员开始练习，每名队员完成 5 次，要求采用不同的转身投篮方法：
    o 转身并顺势朝底线方向突破，运一次球后快速向中路后转身直接投篮。
    o 转身并顺势朝底线方向突破，大力运二次球后快速向中路大幅度后转身直接投篮。
    o 转身并顺势朝底线方向突破，大力运二次球后快速向中路半后转身，然后回转面向篮筐投篮。
    o "肘区"接球的队员假想有防守队员防守，背筐做摆脱防守的转身投篮。
    o 接球后队员背对篮筐运一次球，快速后转身投篮。

练习要点

要求队员练习各种转身投篮动作，前三个动作是面筐转身，后两个动作是背筐转身。

图 5-4-35　　　　　　　　　　图 5-4-36

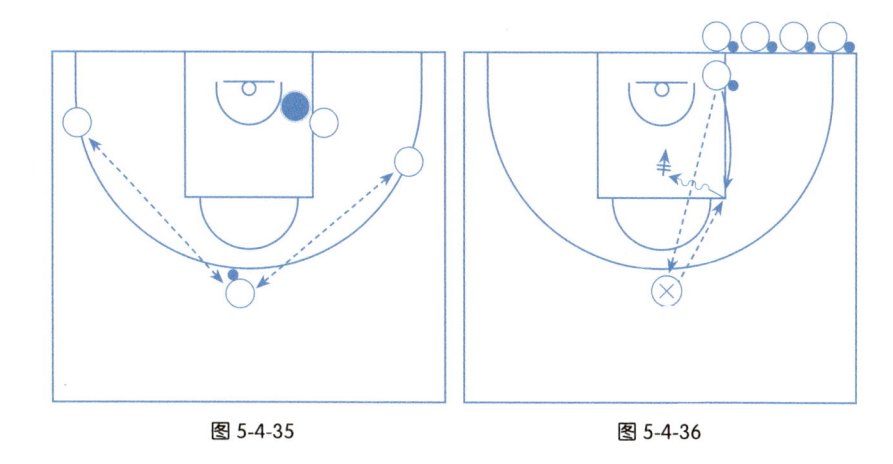

（七）抢篮板球

1. 抢篮板球教学训练要点

- 提高利用身体卡位、快速反应和主动争抢篮板球的能力。
- 一旦球投篮出手，队员应当迅速找到自己盯防的队员并观察球的落点。
- 挡人时可以用前臂（面对对手），也可以用腿和背部与对手接触（背对对手）。
- 一旦将对手挡在身后，则伸开双腿（比肩宽）并屈膝降重心，控制好平衡。
- 当抢下篮板球后，持球队员应双手迅速用力护球置于颌下，以避免被防守队员轻易抢断。

2. 练习方法示例

（1）抢位挡人防抢球。

- 如图 5-4-37 所示，将全队分成 2 人一组，1 人防守，1 人进攻。每组之间相隔一定距离，保证每组有 1 个半径为 1.8 米的圆形练习空间。
- 球被放在圆圈中央，防守队员●站在圆圈边线的任何一点，进攻队员○站在距防守队员身后大约 30 厘米处。
- 防守队员始终保持良好卡位挡人姿势，脚步移动要迅速，眼睛注视对手，听到教练员信号，进攻队员要设法抢到球。
- 防守队员利用自己的脚步移动和身体挡住对手使其远离篮球，当进攻队员抢到球或教练员再次吹哨时练习结束，队员交换攻守位置，重复此练习。

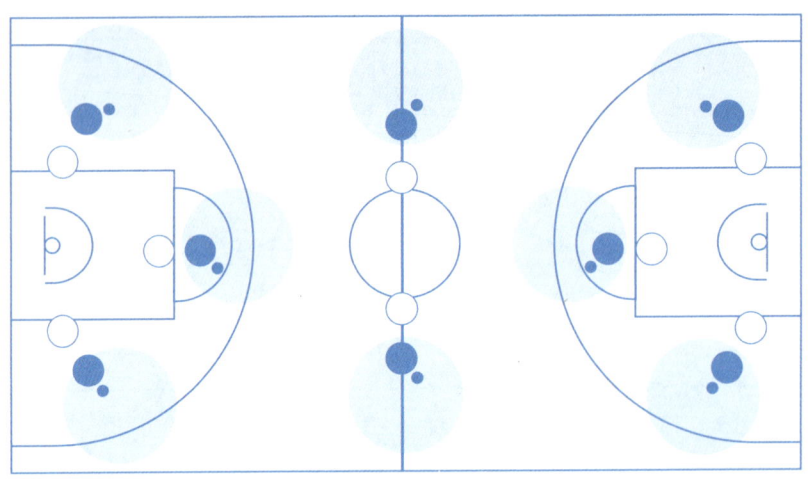

图 5-4-37

> **练习要点**
>
> ○ 要求防守队员双手上扬，两肘外展，给进攻队员制造更大的障碍，防守队员站位要宽，保持背部挺直。
> ○ 为增加练习的竞争性，可奖励在规定时间内抢到球的进攻队员或成功阻止对手抢到球的防守队员。

（2）2组连续碰板抢篮板球。

- 如图 5-4-38 所示，队员分成 2 组成纵队面向篮筐站立。
- 练习开始，每组第一名队员各持一球，分别将球掷向篮板并自抢篮板球，抢获篮板球后再把球掷向篮板，然后跑至另一组队尾。
- 接着后面 2 名队员重复前面队员的方法去抢篮板球，再把球投向篮板，接着跑至另一组队尾。
- 练习持续到 2 组中所有队员至少抢 5 次篮板球为止。

> **练习要点**
>
> 练习中要反复强调按规范的技术动作去抢篮板球。比如，抢获球后迅速将球置于下颌或胸前，两肘外展，双手用力护球的两侧，两脚开立并且将头转向外侧。

（3）连续抢位挡人抢篮板球。

- 如图 5-4-39 所示，6 名投篮队员沿三分线分开站立，1 名防守队员●持球站在限制区中间抢篮板球。

- 抢篮板球队员●把球传给①，然后快速上前防守其投篮；当①投篮出手后，立即挡住投篮队员并拼抢篮板球。

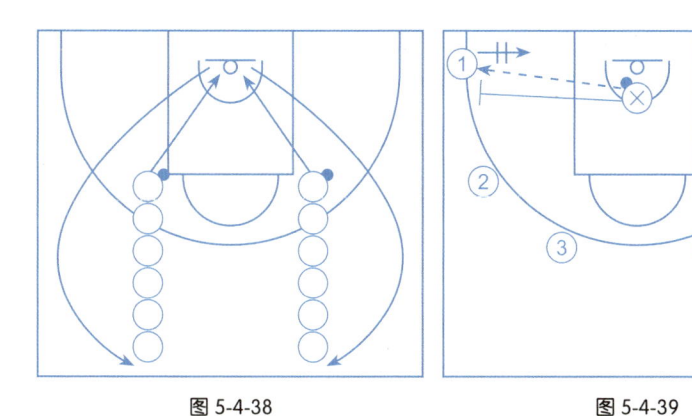

图 5-4-38　　　　　　　　图 5-4-39

- 队员●抢到篮板球后将球传给②，同时防守投篮队员投篮并抢篮板球。
- 当●完成 6 次抢篮板球后练习结束，⑥号位置投篮队员轮换为抢篮板球队员，完成抢篮板球的队员轮换到①号投篮队员的位置，其他队员逆时针方向轮转一个位置。

练习要点

练习时，抢篮板球队员要特别注重快速上前防守投篮队员的技巧（抢位挡人）。

（4）三对二抢篮板球。

- 如图 5-4-40 所示，教练员持球站在篮下端线后，3 名进攻队员沿三分线分开站立，其中 2 名队员分别站在左右侧翼，另 1 名队员站在弧顶。
- 2 名防守队员●背对篮筐站在两侧低策应区位置。
- 教练员将球传给其中任意一名进攻队员，该队员接球后投篮，但不参与冲抢篮板球。
- 2 名防守队员●立即上前挡住另外 2 名进攻队员，并拼抢篮板球，防守队员抢到 3 个篮板球后变换为进攻队员。

> **练习要点**
>
> ○ 抢篮板球时一定要先抢位挡人再移动抢球，抢位挡人时一定要双手上扬，并强调按规范的技术动作去抢篮板球。
> ○ 进攻队员也要积极拼抢篮板球，但不能从背后推防守队员。

（5）二对二抢篮板球。

- 如图 5-4-41 所示，队员平分成 2 组面向球篮成对角站立，教练员和 2 名助手分别站在弧顶和场角。

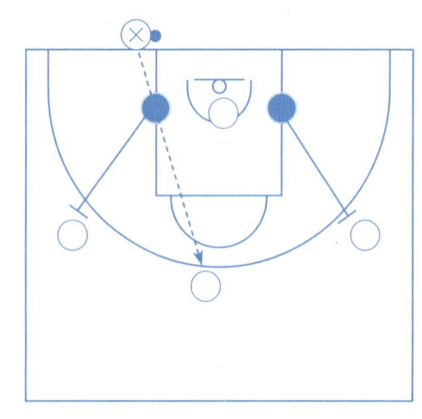

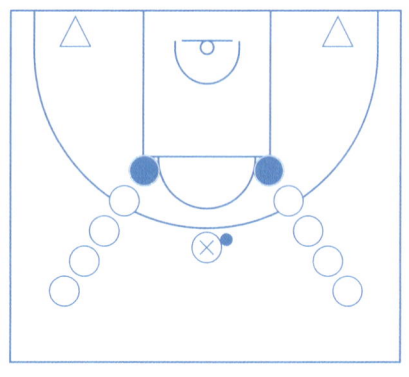

图 5-4-40　　　　　　　　　图 5-4-41

- 每组的第一名队员作为防守队员●，每组的第二名队员作为进攻队员○，防守队员做好防守姿势。
- 当教练员或者 1 名助手投篮时，2 名进攻队员和 2 名防守队员都要去争抢篮板球。如果球命中，这 4 名队员重新进行上述练习；如果球不中，则争抢篮板球。
- 队员抢到篮板球后都不得投篮。抢到 1 个进攻或者防守篮板球计 1 分，先得到 5 分的队获胜，一组练习结束。队员换位方法：进攻队员成为防守队员，原来的防守队员站到另一组队尾。

> **练习要点**
>
> 着重练习抢进攻和防守篮板球的基本技术（挡抢、拼抢），并培养积极拼抢篮板球的意识和作风。

（八）防守有球队员和无球队员

1. 教学训练提示

- 让队员懂得"球、我、他"的选位至关重要，只要自己防守的人没有持球，就应始终保持在既能看到球又能看到所防守人的位置上。
- 防守无球队员时的取位，应根据所防守的人距离球的远近来决定。传球距离是用来描述进攻队员离球远近的，通常用进攻队员离开球的短传球次数来确定防守距离，评判标准就是看球通过几次短传能到所防守的队员手上。
- 基本原则：所防守的进攻队员离球越近，则防守队员越要贴近所防守的队员；所防守的队员离球越远，则防守队员距离所防守的队员也越远。
- 分割线指将篮球场分为均等的左右两侧的假想线，如图 5-4-42 所示。当球位于场地的一侧，场地另一侧的防守人应向有球侧移动靠近分割线，以便必要时候能帮助队友协防。

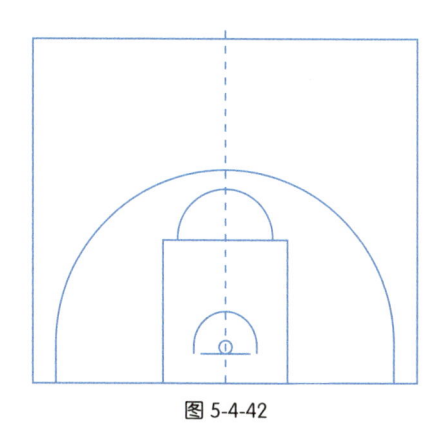

图 5-4-42

2. 防守技术要点

（1）紧逼防守姿势。

- 紧逼防守常用于防守离开球 1 次传球距离的进攻队员。
- 紧逼防守时，防守队员背对球而面向自己防守的队员。
- 靠近球侧的手伸出，拇指指向地面，掌心朝向球。
- 防守时要既能看到球也能看到自己防守的队员，下颌指向自己防守的队员的肩部位置。
- 既可将身体处在传球的路线上，也可以只是将手切断传球路线。

（2）打开式防守姿势。
- 防守人背朝篮筐而侧对自己的防守人和球。
- 通常情况下，当自己防守的队员与球有 2 次以上传球距离时选择这种防守姿势。

（3）压迫封球。
- 压迫封球是指防守队员从一定距离之外快速向刚接到球的进攻队员移动并控制压迫进攻队员的防守过程。
- 防守队员（处于协防位置的队员）必须快速向刚接到球的进攻队员急速跑去。
- 当防守队员跑到离进攻队员 4 米之内时，急速跑改为碎步以减慢前进势头，为保持身体平衡，防守队员应直背、抬头。
- 必须有一只手上伸来回挥动干扰持球人投篮，同时屈膝降重心，另一只手向下侧伸防运球，准备随时移动防守对方突破。

（4）封迫球。
- 当持球的进攻队员不运球时，防守队员要用双手封逼持球队员手中的球，双手随着球的移动而积极移动封堵，对球施加防守压力。
- 封逼球能有效地干扰进攻持球队员的观察判断，使其很难顺利传球。

（5）随球移动。
- 在防守时，随着球的转移而快速移动选位至关重要。每当进攻方进行一次传球，所有的防守队员必须重新移动选位。一旦对手接到球，防守队员必须移动到新的正确防守位置。
- 当球传出后，防守传球队员的防守者应立即向球的方向移动调整位置（常称为"向球跳动"），以便使自己处于有利的防守位置，防守传球队员的空切。
- 如果防守队员没有移动或只是向后移动，那么进攻队员就能轻松切入篮下接球进攻，因为此时进攻队员处在了球与防守者之间的有利位置。
- 如果防守队员及时向球移动（向"分割线"移动），那么就能处于有利的防守位置，防守进攻队员切入篮下接球。

（6）向球侧回缩。
- 向球侧回缩是指所防守的持球进攻队员将球传出后，防守队员及时移动并调整位置。

- 向球侧回缩确保防守队员处于良好的协防位置，以阻止进攻队员轻易地向篮下切入进攻。
- 无论是采用人盯人防守还是区域联防，每当进攻方球动或人动时，5名防守队员都必须向球侧回缩。
- 为了成为一名出色的团队防守者并能及时帮助队友进行协防，队员应当向传球方向用力蹬地并快速向球侧移动。

（7）内线防守。

- 内线防守有多种方法，教练员可根据对手的具体特点来选择防守策略。
- 防守内线队员时，要尽可能使其远离篮筐，迫使内线队员越难靠近篮筐接球越好。
- 防守方式应根据球的位置来决定。当球位于内线队员所在的侧翼时，可以采用绕前防守内线队员，也可以站在内线队员身后防守（站在内线队员与篮筐之间）。
- 还可以采用 1/2 或是 3/4 侧前防守内线队员，一只脚跨在进攻队员身前并伸出同侧手干扰接球，另一只脚卡在进攻队员身后以便在其接球后迅速回位时顶在其身后。
- 还可选择抢占高位或低位来防守内线队员。

3. 训练方法示例

（1）外线三人防守练习。

- 如图 5-4-43 所示，1 名进攻队员持球站在弧顶，另 2 名进攻队员分别站在左右侧翼，3 名防守队员面对进攻队员合理取位。
- 2 名侧翼进攻队员向持球队员示意要球，如果球传到侧翼，控球后卫向持球队员示意要球。
- 防守队员要持续紧逼球，根据球与所防守的进攻队员的位置关系及时移动选位，封堵进攻队员的传球路线。

练习要点

○ 防无球队员时应注意两点：第一，如果球与他防守的进攻队员相隔1次传球的距离，他应该注意封堵传球路线；第二，如果球与他防守的进攻队员相隔2次传球的距离，他应该注意帮助同伴协防持球队员的运球突破。

○ 防守持球队员时应该持续紧逼该进攻队员，并迫使他向球场的两侧移动。

（2）"贝壳式"防守练习。

- 如图 5-4-44 所示，担任后卫的 2 名进攻队员 ①、② 分别站在三分线弧顶两侧，2 名前锋队员 ③、④ 分别位于两侧底角，任意一名后卫队员持球。
- 防守采用人盯人防守，要紧逼持球人，并试图挡住他的传球视线，与持球人相隔 1 次传球距离的防守队员应抢前防守，始终用一只手封堵传球路线。
- 进攻队员要通过移动创造有利的接球位置接同伴的传球。
- 防守队员要根据球的位置、各自具体的职责、与球的距离（1 次传球或 2 次传球），及时调整自己的防守位置。

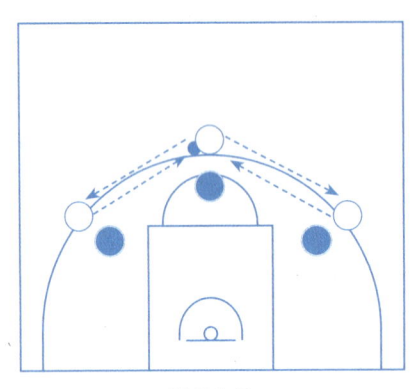

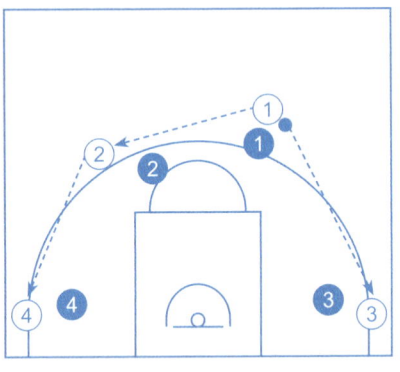

图 5-4-43　　　　　图 5-4-44

练习要点

○ 防守队员应该持续紧逼持球队员，扰乱其传球视线，降低其传球的成功率。
○ 与持球队员相隔 1 次传球距离的防守队员注意抢断近距离传球，与持球队员相隔更远距离的防守队员应该准备协防进攻队员的运球突破。
○ 始终强调防守队员要根据人和球的位置及时移动取位。

（3）压迫封球一对一练习。

- 如图 5-4-45 所示，队员分成 2 组于端线站成两队，在左右的侧翼各安排一名进攻队员。
- 位于端线的每组第一名队员分别将球传给同侧侧翼的队员，然后压迫封堵接球队员。
- 进攻队员必须在所在的半边场地内进行进攻，投篮前最多只允许运 3 次球。
- 如果进攻队员得分，则他继续充当进攻队员，端线上的下一名队员传球并防守；如果防守成功，则防守人转换为进攻者。

> **练习要点**
> 防守队员上前防守跑动要快，压迫封球时手要上举并积极干扰。进攻队员移动要合理、快速、高效。

（4）轮转协防练习。

- 如图5-4-46所示，两名进攻后卫分别站在两侧"肘区"，另两名进攻队员分别站在两个底角。

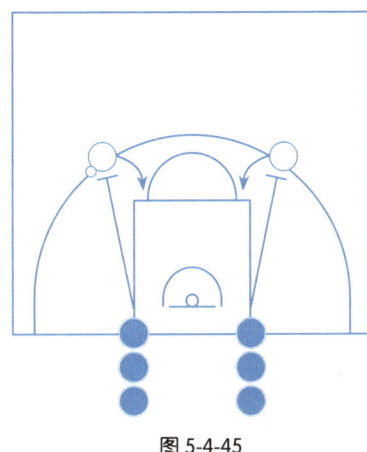

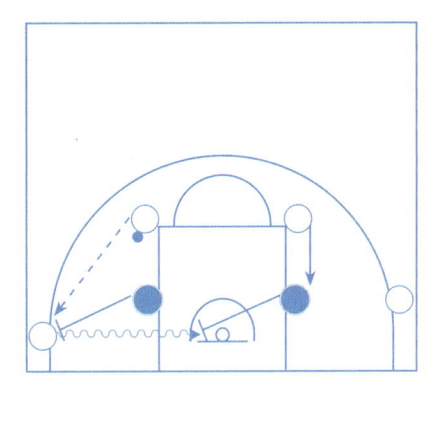

图 5-4-45　　　　　　　　图 5-4-46

- 两名防守队员保持正确的防守姿势分别站在限制区两侧中策应位置，并骑跨限制区边线，主要防守站在两个底角的进攻队员。
- 后卫传球给底角队员，接到球的队员试图沿底线运球突破。
- 弱侧的防守队员穿过限制区协助同伴防守突破，如果突破队员被迫停球，则传球给对侧的后卫，该后卫接球后准备传球给同侧的底角队员。
- 协防队员必须及时穿过限制区抢断传给底角队员的球，如果传球成功，防守队员转换防守角色，在球场的另一侧进行相同的协防练习。

> **练习要点**
> ○ 弱侧的防守队员应时刻兼顾他负责防守的进攻队员和球，当同伴将被突破时，应协助同伴防守突破上篮。
> ○ 协防并成功阻止了持球队员的突破后，协防队员必须及时返回自己的防守区域，

阻止球传给底角队员，防止他接球后跳投。原来有球侧的队员变成弱侧队员，应准备及时协助他的同伴防守持球队员的突破。

（5）两人压迫封球练习。

- 如图 5-4-47、图 5-4-48 所示，一名教练员持球位于弧顶，两名进攻队员分别站在左右侧翼，其他队员分成两组位于端线。
- 教练员将球传给左边侧翼的进攻队员，位于端线左边一组排头队员压迫封堵持球人，并且要喊出"球，球，球"。
- 当球传到另一侧翼时，防守队员调整至协防位置，并且要喊出"协防，协防，协防"。

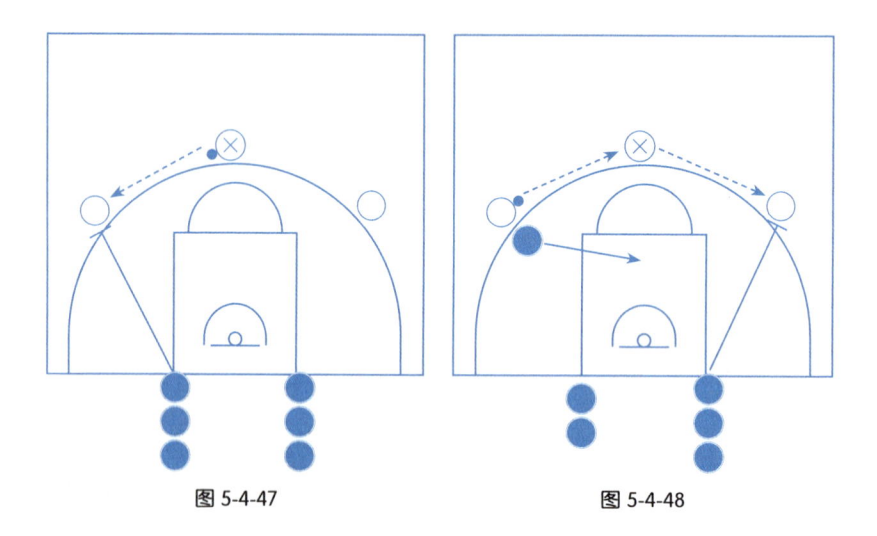

图 5-4-47　　　　　　　　图 5-4-48

- 与此同时，位于端线右边一组排头队员压迫封堵持球人，并且要喊出"球，球，球"。
- 球回传给另一侧翼之后，第二名防守队员调整至协防位置，并且要喊出"协防，协防，协防"。这时另一名队员从端线压迫封堵持球人，最早的那名防守队员离开场地排至端线右边一组队尾，继续重复上述练习。

练习要点

协防队员要位于能同时看到两名进攻队员和球的位置上，练习中要求队员大声说话，并且保持练习的高强度。

（6）中锋的补防与回防。

- 如图 5-4-49 所示落位，攻防队员轮转方法：③—⑤—❺—队尾，队首队员变为新的进攻队员③。
- 进攻队员③做假动作后向篮下突破，防守队员⑤及时上前补防阻止③的突破，然后快速回防。⑤在接到③的传球之前不允许移动。
- ❺在⑤投篮之前必须到位防守，且不能对⑤犯规。

> **练习要点**
> o ❺不许叫喊"轮转"，而要主动补防并及时回防。
> o 重点练习中锋补防向篮下运球突破的前锋并及时回防，提高中锋内线防守能力。

（7）防守中锋接球。

- 如图 5-4-50 所示，两名进攻队员①、③站在球场的同侧，一名进攻队员站在罚球线延长线上的侧翼，另一名进攻队员站在底角，第三名进攻队员⑤站在低策应位置，两名防守队员防守三名进攻队员。

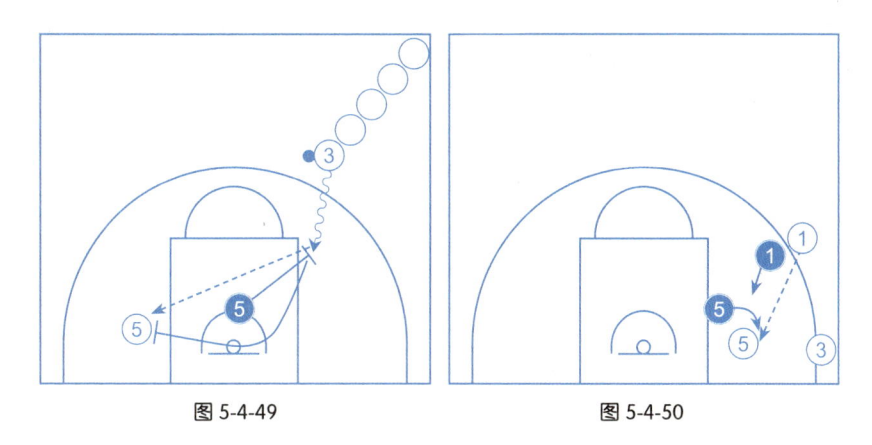

图 5-4-49　　　　　　图 5-4-50

- 无论是侧翼队员持球，还是底线队员控制球，其中一名防守队员要上前逼抢球。
- 另一名防守队员运用合理的防传球技术，阻止球传给中锋。
- 如果中锋成功接球，外线的防守队员立即收缩内线协防中锋，当中锋回传给侧翼或底线队员时，防守队员立即上前逼抢球。

> 练习要点
>
> o 防守中锋的队员应绕前防守，防止向内线的传球。通过脚或手的移动，切断传球路线，根据中锋的位置不停地移动，眼睛始终同时观察中锋和球。
> o 防守外线的队员通过积极地争抢侧翼或底角进攻队员的球，协助同伴防守；当中锋成功接球，立即协助同伴包夹中锋，迫使其把球回传给侧翼或底角的同伴。

（8）防守高低策应区接球。

- 如图 5-4-51 所示，一名进攻队员 ① 站在外线侧翼，另一名进攻队员 ③ 站在同侧底角，中锋 ⑤ 站在限制区另一侧低位区。
- 防守队员 ❺ 站在限制区中央正确的弱侧防守位置上。
- 中锋 ⑤ 快速横切至对侧高策应区，抢占有利位置准备接侧翼队员 ① 的传球。
- 如果在该位置没有接球机会，球要从侧翼转移到底角，中锋 ⑤ 转身下移至低位区，积极抢占有利位置接底角队员的传球。

> 练习要点
>
> o 防守队员既要防守中锋在高策应区接侧翼队员的传球，又要阻止中锋在低策应区接底角队员的传球。
> o 为了正确地封断从底角队员传给中锋的球，防守队员首先要积极堵截中锋向低策应区的移动，同时积极移动抢位并用手臂干扰传球。
> o 强调防守队员站在低策应区，以便协防接球的中锋或从中路强攻的队员。

（9）交换防守后造进攻犯规。

- 如图 5-4-52 所示，全队平均分成 3 组，控球后卫 ○ 手持球，假设身前有 1 名防守队员防守。
- 当 ○ 向三分线弧顶的一侧运球移动时，得分后卫 X 上提给 ○ 做掩护。

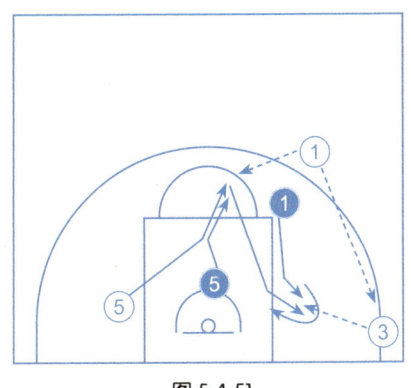

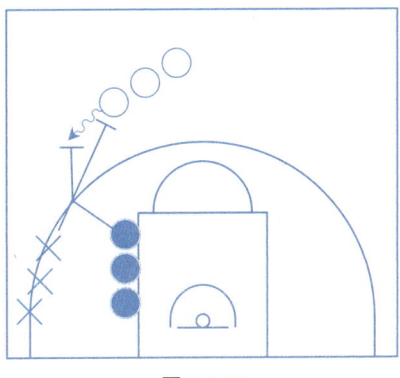

图 5-4-51　　　　　　　　图 5-4-52

- 防守 X 的队员●跳步急停挡在控球后卫○的移动路线上，造○进攻犯规。
- 另外 3 名队员进场进行练习，每个人都在这 3 个位置上轮流练习一遍后练习结束。

> **练习要点**
> ○ 强调防守队员合理的脚步移动、合法的身体姿势、充分的思想准备（明确什么时候造犯规）、及时的移动抢位和正确的倒地动作。
> ○ 重点练习交换防守后造成进攻队员犯规的正确时机和合理技术。

（九）转换攻防

1. 转换攻防教学训练要点

（1）跑动区域的理念。

- 如图 5-4-53 所示，转换进攻时可将场地划分为 5 个跑动区：两个外侧跑动区域、两个内侧跑动区域、一个中间跑动区域。
- 外侧跑动区域一般为小前锋活动区，内侧跑动区域一般为中锋和大前锋活动区，中间跑动区域一般为组织后卫活动区。但有时中锋、大前锋及组织后卫也可能在其他区域活动。
- 场地区域的划分对组织守转攻时的快攻、抢攻及阵地进攻均有帮助，教练员在训练进攻战术时运用区域划分，可使队员对空间位置及跑动路线更加明确。
- 如果能在场地上用彩色的图示标明位置及路线，则对运动员养成良好的空间位置习惯十分有益。

（2）一传技术要点。

- 一传是抢获篮板球之后的直接传球。
- 通常的情况是队员抢下篮板球，转身，一传，球队发动转换进攻。
- 一传通常采用头上传球方式。
- 传球要快而有力，使进攻队获得快攻优势。

（3）接应一传技术要点。

- 接应一传时，接应队员（一般是组织后卫）要尽量靠近边线，以便抢到篮板球的队员能够看见他。
- 接应队员应背对边线，正对球场以便观察整个球场情况。
- 接应队员应通过肢体和语言要球。
- 此外，在没有防守队员阻截的情况下，接应队员要积极移动迎上接球。
- 接球后，重要的是及时观察并尽可能向前传球。

2. 练习方法示例

（1）快攻一传练习。

- 如图 5-4-54 所示，队员 ① 站在限制区内，② 站在罚球线延长线三分线外。

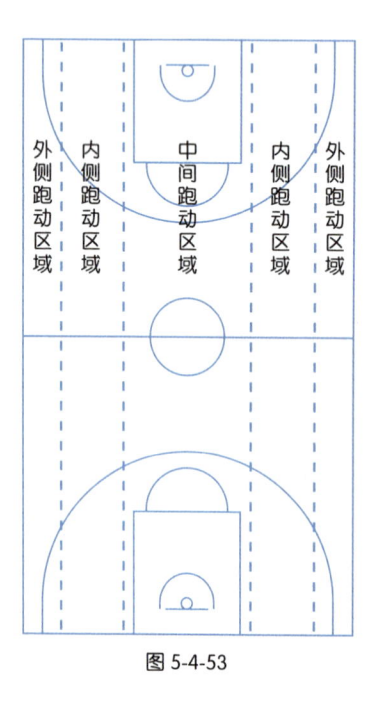

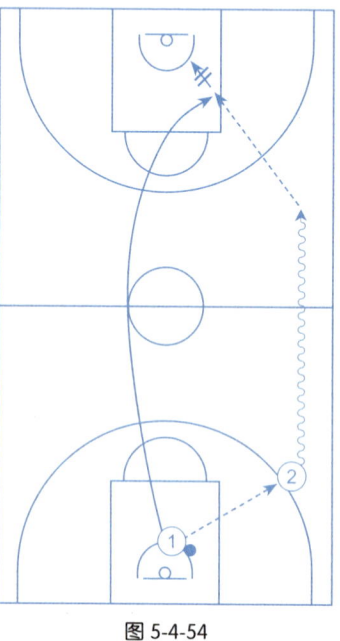

图 5-4-53　　　　图 5-4-54

- 篮下的队员 ① 将球碰篮板并抢篮板球，要求球在最高点时将球抢到并将球保持在头上位置，然后传球给罚球线延长线上的队员 ②。
- ② 接到一传球后快速运球向前场推进，① 传球后沿中路快下至前场有球侧的低策应位置。
- ② 运球至前场后传球给低策应位置的 ① 上篮。

> **练习要点**
> 抢篮板球的队员要在最高点时将球抢到并将球保持在头上位置，完成一传后要以最快的速度快下，力争跑在运球队员的前面。

（2）攻守转换练习。

- 如图 5-4-55、图 5-4-56 所示，练习开始时 5 名队员都站在限制区内，持球队员将球投进篮筐，模拟对方球队得分，④ 拿球到端线外掷界外球。
- 球投中后，① 立即跑向罚球线延长线位置接应发球。

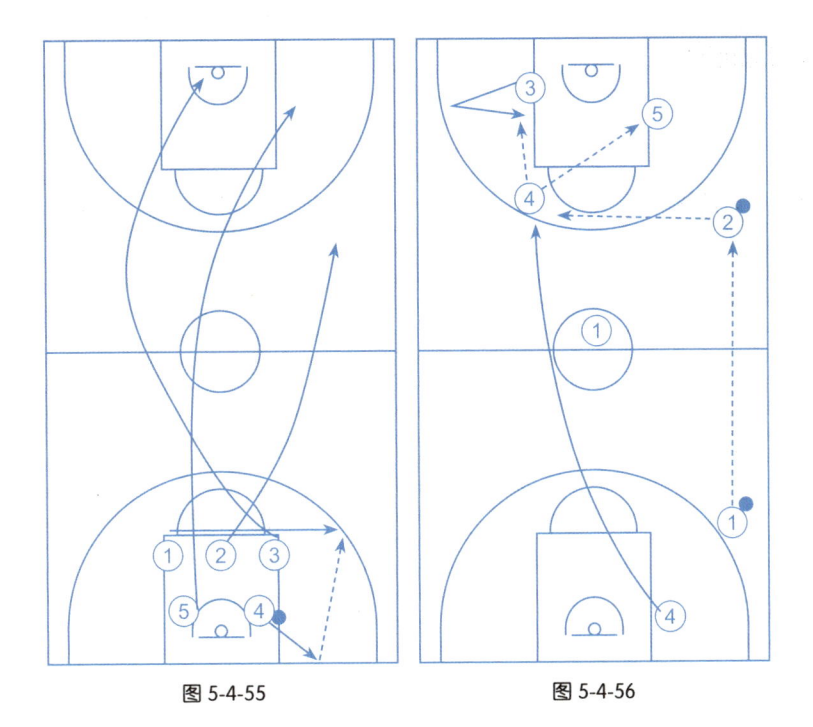

图 5-4-55　　　　　　图 5-4-56

- ②、③分别沿球场右侧和左侧快下，⑤从中路跑至前场右侧低策应位置。①接球后转身面向前场，运一次球后传球给快下的②。
- ②接球后不允许运球，可传球给左侧的③或右侧低策应位置的⑤；④掷界外球后快速跟进至前场"肘区"准备抢篮板球。
- 无论哪名队员接到球，都立即进攻投篮，球中篮后，抢到篮板球的队员掷端线界外球向另一方向重复以上练习。

> **练习要点**
> 强调每名队员在自己的区域跑动，拉开推进的空间；给跑动中的队员传球应该快速有力，传球的落点应在接球队员身前引导。

（3）攻防转换以少防多练习。

- 如图5-4-57、图5-4-58所示，5名进攻队员分散站在端线，5名防守队员分散站在罚球线及延长线，与端线队员面对。
- 教练员持球并传给端线的任意队员，该队立即向对面球篮发动快攻。

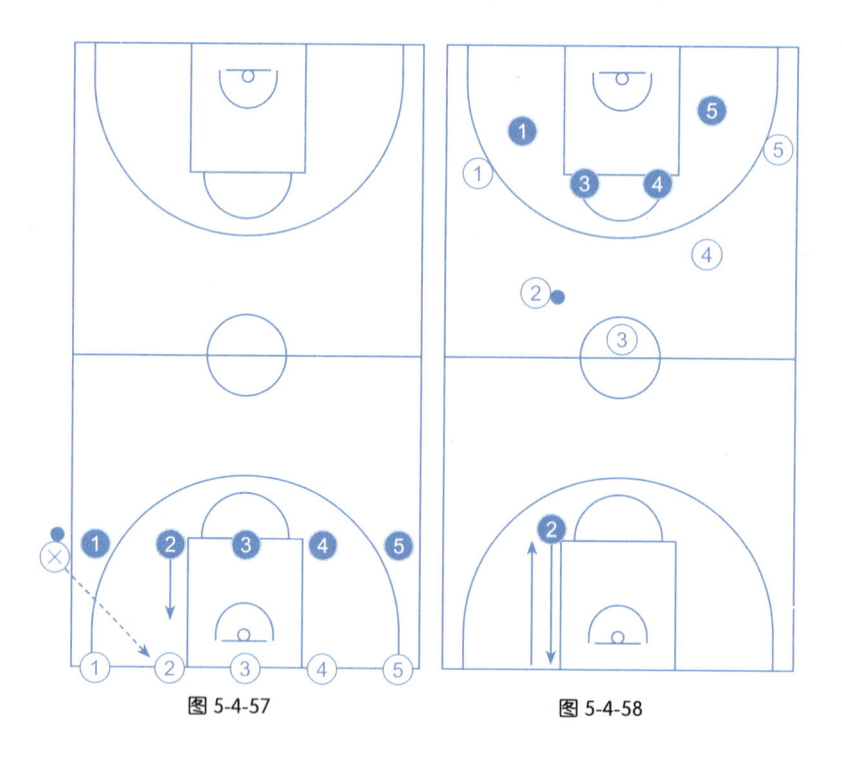

图 5-4-57　　　　图 5-4-58

- 与接到传球的队员相对站在罚球线上的防守队员须先冲到端线，然后才能冲刺回去防守。
- 防守队在四防五的不利情况下应尽量阻截进攻队向前推进，直到本队另一名队员跑回来防守。
- 一次攻防完成后交换，以同样方法继续练习。

> **练习要点**
> 教会队员采用适当的技术来阻截对方进攻并正确对位，然后设法四防五；完成既定防守目标次数的球队获胜。

（4）11人攻防转换练习。
- 如图 5-4-59、图 5-4-60 所示，练习至少需要 11 名队员。每个篮下需 2 名防守队员，另外 3 名队员作为进攻队员，其余 4 名队员分别站在两侧边线上中线和罚球线之间的位置，准备接应快攻一传。
- 练习以三打二的形式开始，完成一次投篮或失误后，无论谁获得球都将球一传给位于边线的接应队员。

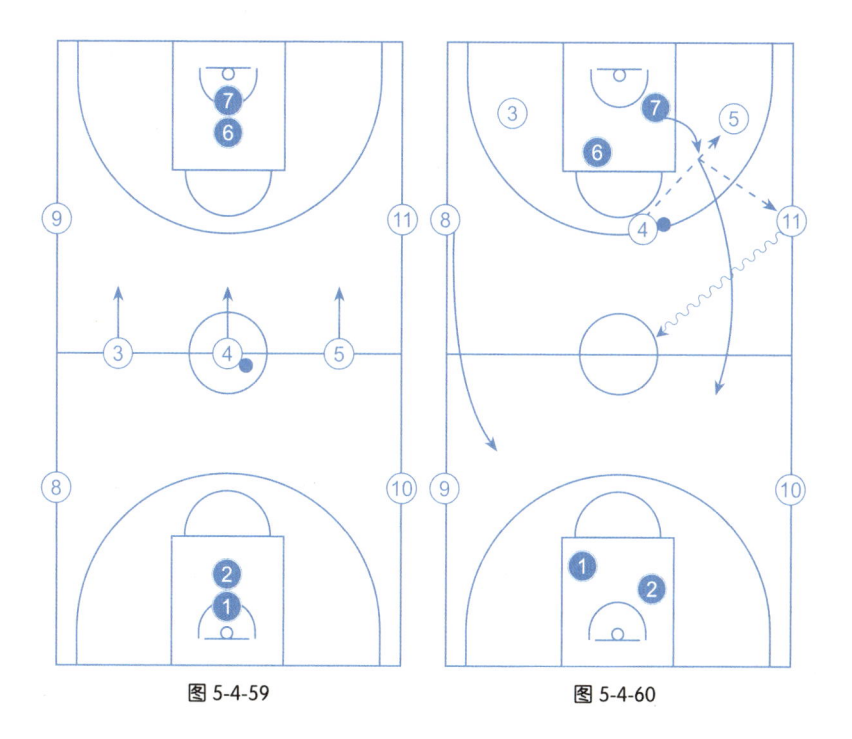

图 5-4-59　　　　　　图 5-4-60

- 一传之后，接球队员将运球至球场中央；传球队员将跑向接球队员一侧并快下，另一侧的边线队员进入场地并沿边快下，这 3 名队员将进行三打二的练习。
- 完成一次投篮或失误后，获得球的队员将重复上述练习。
- 之前防守的队员下场休息，而之前进攻的队员将变为防守队员，场下剩余的队员则变为边线接球队员。

> **练习要点**
> 快攻时拉开进攻空间，强调抬头观察判断防守情况，进攻果断、合理；以少防多要用假动作迷惑对手来造成进攻队员失误。

五、专项提高阶段：15~18 岁（女）、16~18 岁（男）

（一）战术基础配合

1. 进攻战术基础配合

1）传切。

（1）战术要点。

- 切入队员掌握切入时机，果断、快速摆脱对手进行切入，并注意接同伴的传球。
- 传球队员要利用瞄篮、突破、运球或假动作吸引、牵制对手，当切入队员摆脱对手处于有利位置时，及时、准确地将球传给切入队员。

（2）练习方法示例。

- 半场二对二传切配合。
- 如图 5-5-1 所示，⑤ 传球给 ④ 后，立即摆脱对手向篮下切入，接 ④ 的回传球投篮。
- 半场三对三传切配合。
- 如图 5-5-2 所示，④ 传球给 ⑤ 后，⑥ 立即摆脱对手向篮下切入，接 ⑤ 的回传球投篮。

（3）教学训练要点。
- 传切配合多用于半场阵地进攻，也可在全场紧逼中利用传切加快推进速度或作为快攻的结束方法。
- 传切过程中与策应、掩护、突分配合的组合应变。
- 熟练掌握及运用一传一切及空切配合的方法。

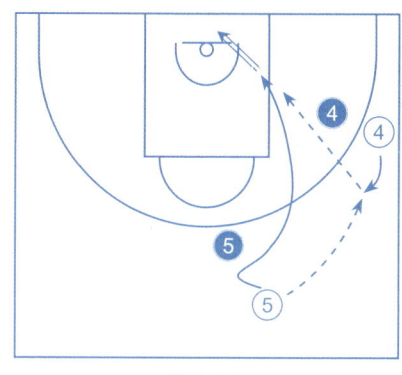

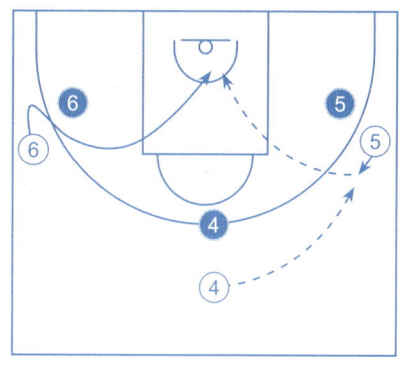

图 5-5-1

图 5-5-2

2）突分。

（1）战术要点。
- 突破动作要突然、快速，突破中随时观察场上攻守队员的行动和位置变化，既要做好投篮准备，又要及时、准确地传球给同伴。
- 其他进攻队员要掌握时机及时移动到有利位置上接球。

（2）练习方法示例。
- 半场二对二突分配合。
- 如图 5-5-3 所示，进攻者 ⑤ 从防守者的左侧突破，防守者 ④ 协防，封堵 ⑤ 向篮下突破的路线，此时 ④ 及时跑到有利的进攻位置，接 ⑤ 的球投篮或做其他进攻配合。
- 半场三对三突分配合。
- 如图 5-5-4 所示，进攻者 ④ 从底线突破，防守者 ⑥ 协防封堵 ④ 向篮下突破线路，⑤ 也后撤进行协防，④ 可将球传给插入到有利位置的 ⑥ 或 ⑤ 进攻。

（3）教学训练要点。
- 突分过程中与策应、掩护、传切配合的组合应变。

3）掩护。

（1）战术要点。

- 双脚开立，膝微屈，双臂屈肘于胸前，上体稍前倾，扩大掩护面积。
- 同伴利用掩护摆脱防守时，掩护队员随着防守者移动，转身切入篮下抢篮板或接球进攻；也可移动至外线为持球人拉开空间突破或接球投篮。

（2）练习方法示例。

- 行进间掩护及运球掩护练习。

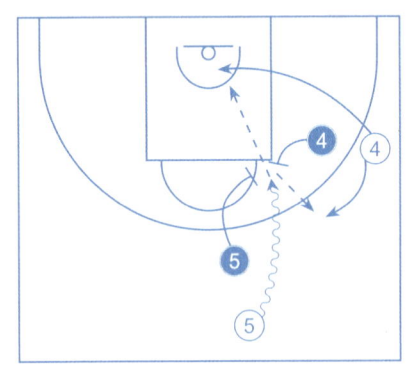

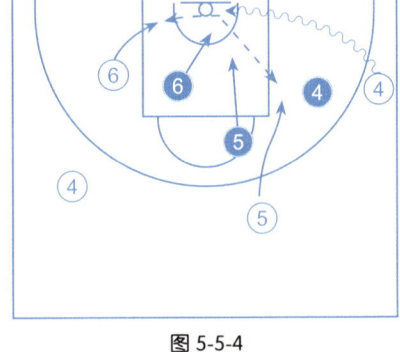

图 5-5-3

图 5-5-4

如图 5-5-5 所示，2 人一组，持球队员 ④ 将球传给同伴 ⑤ 后为其做掩护，接球人 ⑤ 利用掩护向另一侧运球，体前变向运球朝向 ④ 为 ④ 做运球掩护，然后传球给 ④，两人依次完成全场练习，外侧队员上篮。

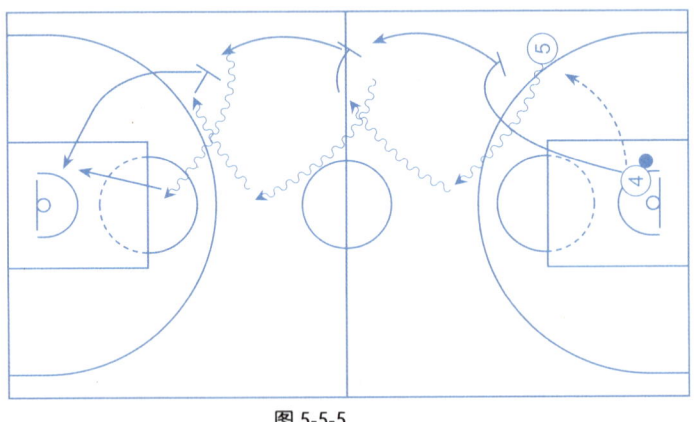

图 5-5-5

注意掩护后，转身拉开空间接球。
- 弧顶掩护配合练习。

如图 5-5-6 所示，⑤ 给持球队员 ① 掩护，掩护后 ⑤ 转身向内线切入，① 可将球传给 ⑤ 上篮。

如图 5-5-7 所示，③ 通过 ④ 的掩护向篮下切入，④ 掩护后向三分线外移动，① 有几种传球的选择，可传球给 ③，也可传球给 ④ 投篮。

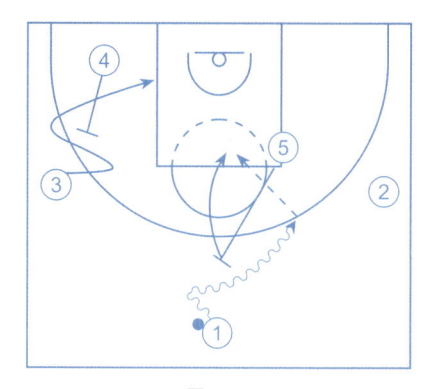

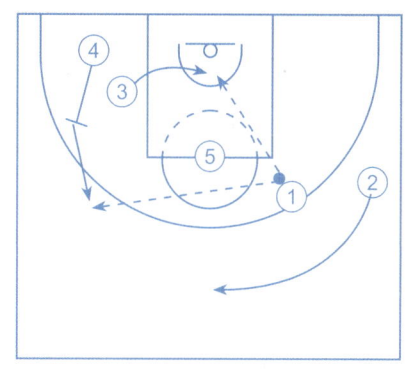

图 5-5-6　　　　　图 5-5-7

（3）教学训练要点。
- 掩护时双臂体前交叉，在对抗中保护自己。
- 发生掩护时是静止的，手臂、脚及身体的其他部位都要在掩护队员的圆柱体范围内，并且双脚着地，避免掩护犯规。
- 在静止对手的视野之内做掩护（前面或侧面），做掩护的队员可靠近对手建立掩护，只要没有造成接触。
- 在静止对手视野之外做掩护，做掩护的队员必须允许对手向掩护迈出正常的一步而不发生接触。
- 若对手在移动中，做掩护的队员必须留出足够的空间（时间和距离因素应适用），以便被掩护的队员能通过停步或改变方向来避免掩护（距离不少于正常的一步，也不必多于正常的二步）。
- 被掩护者运用假动作吸引对手，隐蔽掩护意图与方向，注意行动时机，当同伴到达掩护位置时，摆脱对手动作要突然、快速。
- 掩护后与传切、策应、突分配合的组合应变。

4）策应。

（1）战术要点。

- 策应队员抢位接球，接球后注意护球。
- 策应中运用转身、跨步、假动作及时调整策应的方向、位置，以便协助同伴摆脱防守。

（2）练习方法示例。

- 中锋策应突破练习。

  如图 5-5-8 所示，中锋先将球传至三分线外，跑至标志桶处做掩护，然后立即向外撤，接球做策应，找准时机进行突破，常采用篮下挤靠的投篮方式完成进攻。

- 半场二对二策应配合。

  如图 5-5-9 所示，进攻者 ④ 摆脱防守移动至罚球线做策应，⑤ 将球传给 ④ 并立即空切篮下，接 ④ 的策应传球投篮。

  ④ 的第一选择是策应传球给 ⑤，若防守者距离 ④ 较远，④ 亦可选择自己进攻。

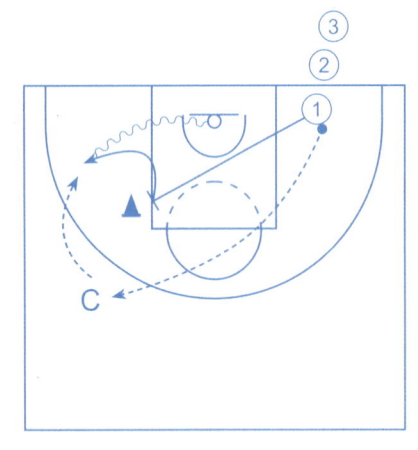

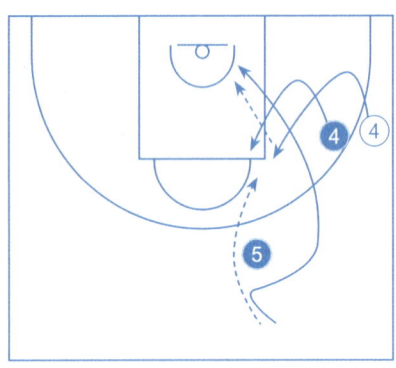

图 5-5-8　　　　　　　　图 5-5-9

（3）教学训练要点。

- 策应队员是配合中的组织者，要主动与同伴配合创造进攻机会；另外，在配合过程中寻找自己进攻的机会。

- 配合的队员要根据策应者位置，传球给策应者远离防守的一侧，做到人到球到。
- 策应过程中与突分、掩护、传切配合的组合应变。

2. 防守战术基础配合

1）"关门"。

（1）战术要点。

- 防守队员应积极封堵进攻者的突破路线。
- 靠近突破一侧的防守队员要及时向同伴靠拢进行"关门"。

（2）练习方法示例。

- 半场三对三"关门"配合练习。

  如图 5-5-10 所示，进攻者 ⑤ 传球给 ④，④ 从右侧突破，⑤ 协同 ④ "关门"，⑥ 调整防守位置。④ 回传球给 ⑤，⑤ 传球给 ⑥，⑥ 回位防守，⑥ 从右侧突破，⑤ 协同 ⑥ 协防"关门"。

  若干次练习后按顺时针防守队员换位，继续练习，然后再攻守交换。

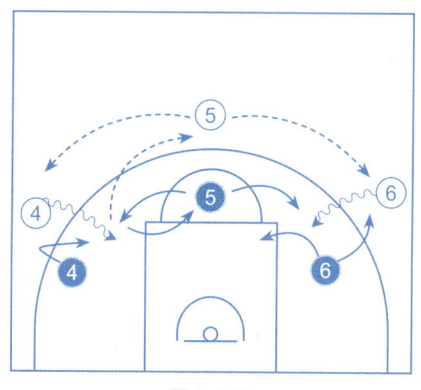

图 5-5-10

（3）教学训练要点。

- 协同"关门"者，要兼顾球和自己所防守的队员，通过球和人的位置不断调整自己的防守位置。
- "关门"要果断、迅速。

2）夹击与补防。

（1）战术要点。

- 形成夹击时用身体和腿部限制进攻队员的活动。
- 用手臂封堵传球或接球。
- 补防动作迅速、果断、及时。
- 利用对抗延误对手进攻，以便同伴能够及时回位或换位协同防守。

（2）练习方法示例。

- 二对二夹击防守配合。

  如图 5-5-11 所示，进攻队员 ④ 从底线突破，④ 封堵底线，迫使 ④ 停球，⑤ 迅速向底线移动与 ④ 协同夹击 ④，封堵其传球路线，迫使 ④ 出现违例或失误。

- 三对三夹击补防练习。

  如图 5-5-12 所示，进攻队员 ⑤ 传球给 ④，防守队员 ④ 迫使 ④ 运球到场角，⑤ 及时而迅速地去和 ④ 进行夹击，⑥ 及时移动，调整位置进行补防，并准备断球。练习到规定次数后，攻守交换。

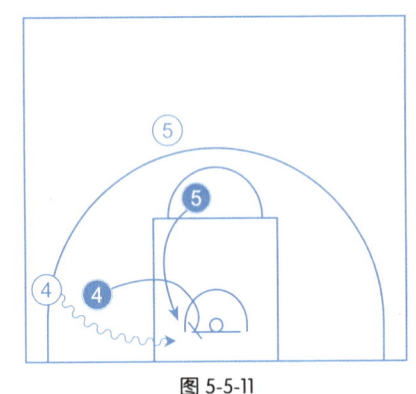

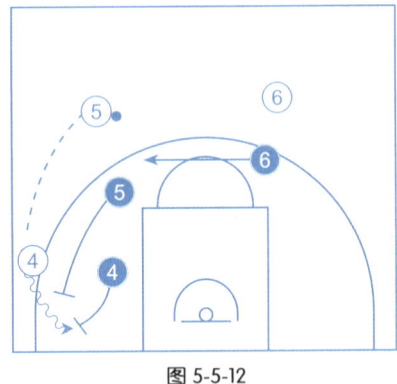

图 5-5-11　　　图 5-5-12

（3）教学训练要点。

- 掌握夹击的时机和区域（场角、界线处进行夹击），对持球队员或运球队员在停球后立即进行夹击，逼迫持球人 5 秒违例或传球失误。
- 夹击配合行动要果断、出其不意，夹击过程应避免犯规。
- 夹击配合亦可在对方掷界外球时使用，直接两人夹击接应队员。
- 训练比赛中要做到人球兼顾，当同伴漏防时迅速、果断地补位防守。

3）挤过与穿过。

（1）战术要点。

- 防守者积极向前跨步，贴近自己的防守对手，从掩护者前面挤过去继续防守自己的对手。
- 防守掩护者提醒同伴并主动后撤一步，被掩护防守者从同伴及掩护队员之间穿过，继续防守自己的对手。

（2）练习方法示例。

- 挤过防守配合。

  如图 5-5-13 所示，进攻队员 ⑤ 接球后向右侧运球，④ 上前为其掩护，❹ 及时提醒 ❺，❺ 在 ④ 临近的一刹那，迅速靠近 ⑤，从 ④ 和 ⑤ 之间挤过，继续防守 ⑤，❹ 配合行动，❻ 观察场上情况，随时调整防守位置。

- 穿过防守配合。

  如图 5-5-14 所示，进攻队员 ⑤ 传球给 ⑥ 后去给 ④ 做掩护，❺ 要提醒同伴，并离 ⑤ 远一点，④ 当 ⑤ 掩护到位前一刹那主动后撤一步，从 ⑤ 与 ❺ 中间穿过，继续防守 ④。

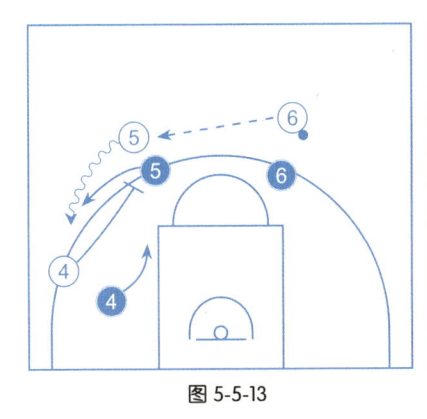

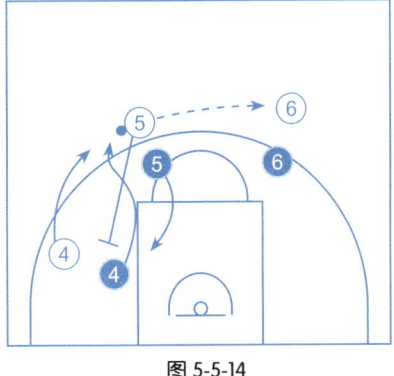

图 5-5-13　　　　　　图 5-5-14

（3）教学训练要点。

- 及时的提醒是非常必要的。
- 挤过时，要贴近进攻者，上前侧抢步动作要及时、突然、有力；选择好有利协防位置，密切注意 2 名进攻队员的行动，及时做好补防。
- 穿过配合中防守掩护的队员要离对手稍远一点，以便同伴能从自己与掩护的队员之间穿过。

- 挤过配合多用于防守对方重点得分手，穿过配合一般在悟透了威胁时运用。

4）绕过与换防。

（1）战术要点。

- 绕过时，防守掩护队员主动贴近对手。
- 绕过队员及时调整位置和距离，继续防住对手。
- 换防时，防守队员要呼应，防守掩护者主动发出信号提示同伴及时换防。
- 换位要及时，在适当时机再换回防守。

（2）练习方法示例。

- 绕过防守配合。

  如图 5-5-15 所示，进攻队员 ⑥ 传球给 ⑤ 并去给他做掩护，⑤ 传球给 ④ 后利用 ⑥ 的掩护向篮下切入，❺ 从 ❻ 和 ⑥ 旁绕过。

- 交换防守配合。

  如图 5-5-16 所示，进攻队员 ④ 传球给 ⑤ 并利用 ⑥ 的定位掩护切入篮下，此时防守队员 ❻ 看到 ④ 被掩护住了，应主动招呼同伴换防，❻ 防 ④ 篮下接球，❹ 调整位置防守 ⑥。

（3）教学训练要点。

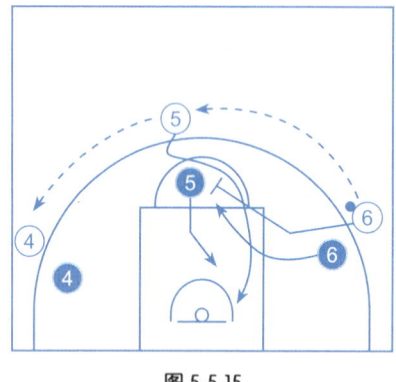

图 5-5-15 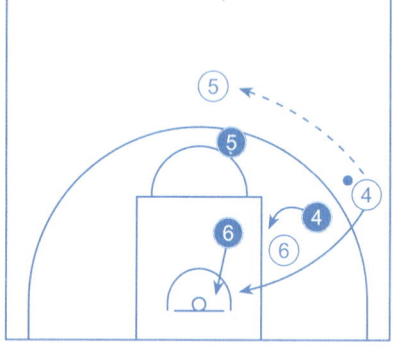　　　　图 5-5-16

- 及时的提醒是非常必要的。
- 提高个人防守能力，注意配合中位置的选择与调整；时间要合理、及时。
- 由固定到变化，由消极到积极，逐步提高防守配合的结合练习，提高队员的防守意识和应变能力。

（二）全队战术

1. 进攻战术

1）进攻半场人盯人防守。

（1）战术要点。

- 迅速半场落位。
- 利用各种传切、突分、掩护及策应组合成全队战术。
- 攻其薄弱环节，加强进攻的针对性和灵活性。

（2）练习方法示例。

- 中锋策应组织进攻。
- 如图 5-5-17 所示，进攻队员 ⑤ 传球给 ⑥，⑦ 给 ⑤ 做行进间掩护，⑥ 策应传球给 ⑤ 投篮，⑦ 掩护后若对方换人，则应转身切入，接 ⑥ 的球继续进攻。此时，⑧ 跟进抢篮板球，⑥ 传球后也要冲抢篮板球，④ 向中间移动，随时准备退守。
- 运球及定位掩护进攻。
- 如图 5-5-18 所示，外围进攻队员 ④、⑥、⑦ 利用三人做"8"字形运球掩护，

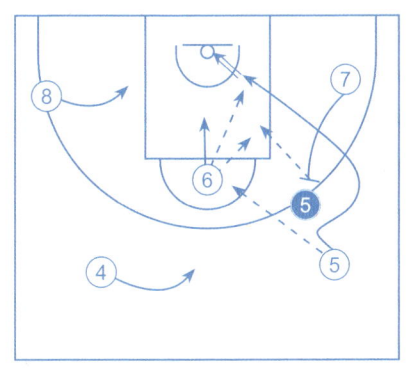

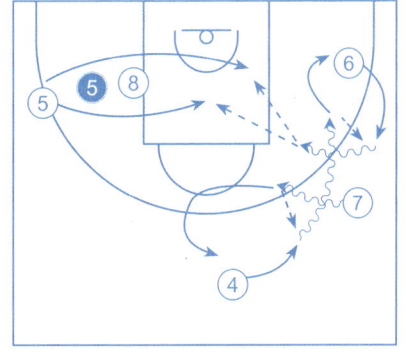

图 5-5-17　　　　　　　图 5-5-18

⑤ 利用中锋 ⑧ 做定位掩护向篮下切入；外围运球掩护的队员既要注意自己的投篮时机，还要随时注意将球传给 ⑤ 或 ⑧。

（3）教学训练要点。

- 根据全队实际情况选择与组织进攻半场人盯人防守战术，发挥队员技术特点，加强攻击性。

- 讲解整套战术方法的队形、配合的发动、移动路线、进攻的机会和战术的变化，便于队员理解和加深印象。
- 加强合作意识，注意配合发动的时机、节奏、变化等。
- 投篮结束后，分工明确，有人参与拼抢篮板球，有人退防注意攻守平衡。

2）进攻全场紧逼人盯人防守

（1）战术要点。

- 伺机进攻，行动突然，争取快速反击。
- 队员站位要保持距离、位置要分散，拉大防区。
- 少运球，多运用快传、短传推进，利用传切、策应配合尽快传球至前场；或利用本队控球好的队员运用突破打乱防守部署。
- 进入前场后，根据对方防守变化及本队特点组织战术配合。

（2）练习方法示例。

- 掷界外球进攻全场紧逼人盯人防守。

   如图 5-5-19 所示，④ 掷界外球时要与端线和篮板拉开一定距离，⑤、⑥ 应迅速在罚球线上重叠站位，利用掩护摆脱接球，或者拉开落位，利用个人摆脱接球。当 ⑥ 接球后，⑦ 向中圈附近斜插接应，然后运球突破或传球，进入中场。

   如图 5-5-20 所示，当对方采用夹击接球者的紧逼防守时，❹ 放弃 ④ 而去夹击 ⑤，此时 ⑤ 应向边线拉开接应，目的是把 ❹ 和 ❺ 引开，给 ⑥ 创造摆脱接球的机会，⑥ 接球后及时把球传给斜插到中圈附近的 ⑦，由 ⑦ 利用运球突破或传球，进入中场。

（3）教学训练要点。

- 明确进攻全场紧逼人盯人防守的方法和要求。
- 队员要有思想准备，当对手采取进攻全场紧逼人盯人防守时，切忌慌张，行动要一致，避实就虚，快速接应传球和推进。主动寻找以多打少的进攻机会。

图 5-5-19　　　　　　　　　图 5-5-20

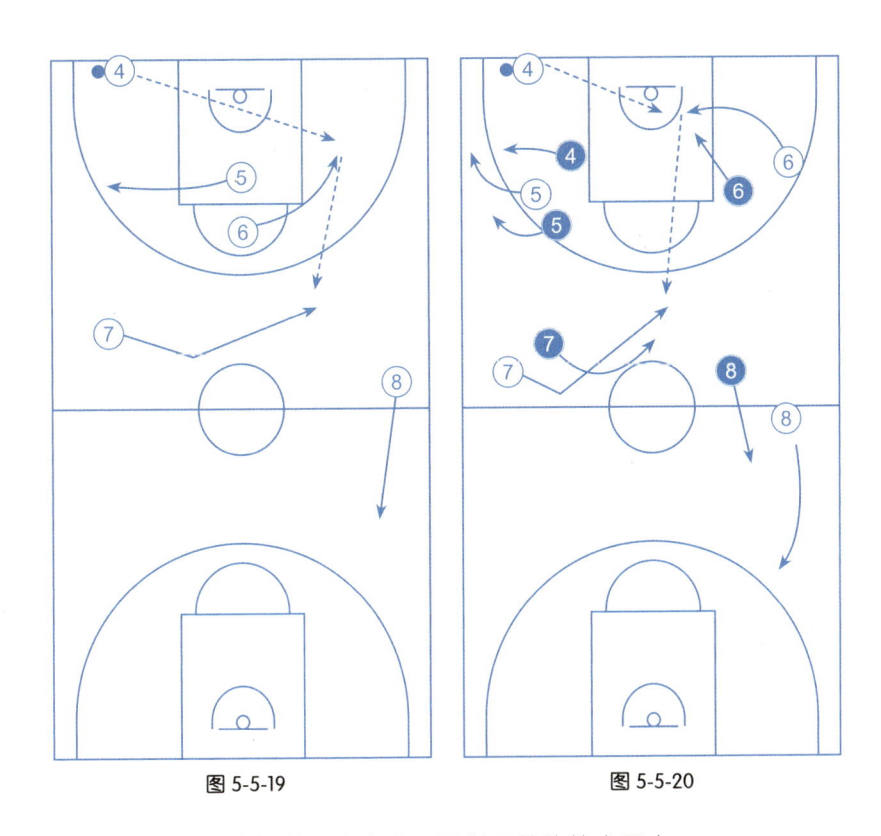

- 先学习前场和中场的配合方法，再学习整体战术配合。
- 在练习中，加强一对一和少对多的训练，提高队员在快速行进中运用技术的能力，在配合练习中，重点加强后场和中场的突分、传切、策应、掩护等配合训练。
- 加强由守转攻的反击速度训练，培养队员反击的意识和能力。

3）进攻区域联防。

（1）战术要点。

- 守转攻时，争取在对方尚未组织好防守前，进行快攻。
- 通过转移球、中远距离投篮打乱对方防守队形；运用声东击西、内外结合、以多打少等方式，创造投篮机会，进攻对手薄弱区域。
- 组织拼抢篮板球，保持攻守平衡，准备及时退防。

（2）练习方法示例。

- "1-3-1"进攻方法。

如图 5-5-21 所示，进攻队员 ④、⑤、⑥、⑦ 相互传球，调动防守，使对方 ❹、❻ 不能及时地防守，④、⑥、⑦ 抓住机会果断地进行中距离投篮。

如图 5-5-22 所示，进攻队员 ④、⑦ 相互传球吸引 ❹、❼ 上前防守，④ 将球传给 ⑤，⑤ 接球后，转身做投篮动作；与此同时，❽ 溜底线，⑥ 向场底角移动，在右侧底线形成以多打少的有利局面，⑤ 根据防守情况，将球传给溜底线的 ❽ 或 ⑥ 投篮。

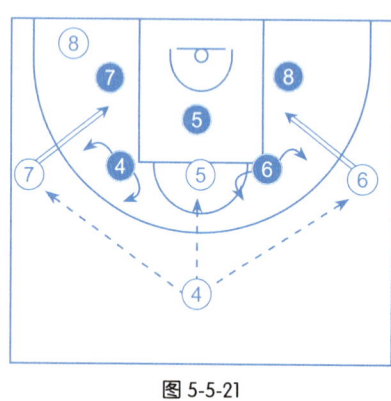

图 5-5-21

图 5-5-22

如图 5-5-23 所示，进攻队员 ④、⑦ 传接球吸引防守，然后 ④ 把球传给 ⑥，⑥ 做投篮动作吸引 ❽ 上前防守，拉空底线，⑤ 向篮下切入，⑦ 同时向罚球区背插，⑥ 根据情况将球传给 ⑤ 或 ⑦ 投篮。

如图 5-5-24 所示，⑥ 接球后做投篮动作吸引 ❽ 上来防守，拉空底线，⑦ 斜插篮下接 ⑥ 的传球投篮，若没有进攻机会，⑧ 向场底角移动接 ⑥ 的球，⑤ 伺机向篮下切入，拉空罚球区，❽ 向罚球区横切，⑦ 根据 ❽、❺ 防守情况，决定自己投篮或是传球给 ⑤ 或 ⑥ 投篮。

（3）教学训练要点。
- 明确进攻区域联防的队形和配合方法。
- 利用传球和无球移动来调动对方防守，打乱其队形和布置，寻找或制造防守的空隙或漏洞，造成以多打少的局面，进攻防守薄弱地区。
- 在掌握进攻区域联防后，应把快攻与阵地进攻结合起来进行练习，当快攻受阻时，使队员能够迅速站好进攻队形，有条不紊地发动进攻。

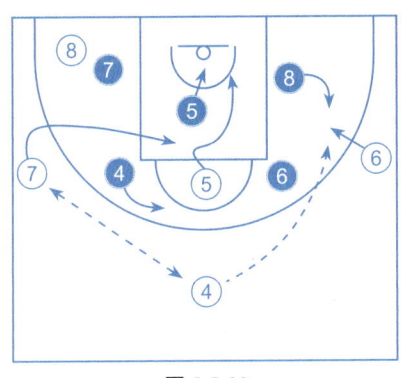

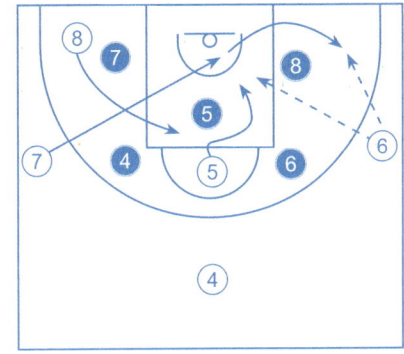

图 5-5-23　　　　　　　　　图 5-5-24

4）进攻区域紧逼。

（1）战术要点。

- 沉着、冷静，争取在对方未到区落位展开堵截之前迅速发动反击快攻。
- 根据区域紧逼防守的薄弱环节，利用传短快球、中路策应、组织空切等方法进攻。

（2）练习方法示例。

- 进攻全场区域紧逼。

  进攻"1-2-1-1"全场区域紧逼，如图 5-5-25 所示，⑥ 摆脱对方接球后，应首先考虑把球传给策应队员 ⑦，根据情况也可传给沿边线快下的 ④ 或前场队员 ⑧，如果传球的路线都被封阻，再回传给掷球入界后入场的 ⑤。如果接应队员 ⑦ 得球，如图 5-5-26 所示，可将球传给沿边线快下的 ④，⑧ 溜底线，横切到 ④ 的一侧，⑥ 快下到罚球线附近接应，⑤ 沿另一侧边线快下跟进。④ 得球后传球的攻击点有 ⑥、⑦、⑧，可根据防守情况，传球给其中一名队员投篮或突破。

（3）教学训练要点。

- 区域紧逼是一种对抗性较强的防守战术，在教学训练中要注意培养队员沉着、冷静的态度，克服紧张、急躁的情绪。
- 讲解进攻区域紧逼的基本方法和要求。

图 5-5-25　　　　　　　　图 5-5-26

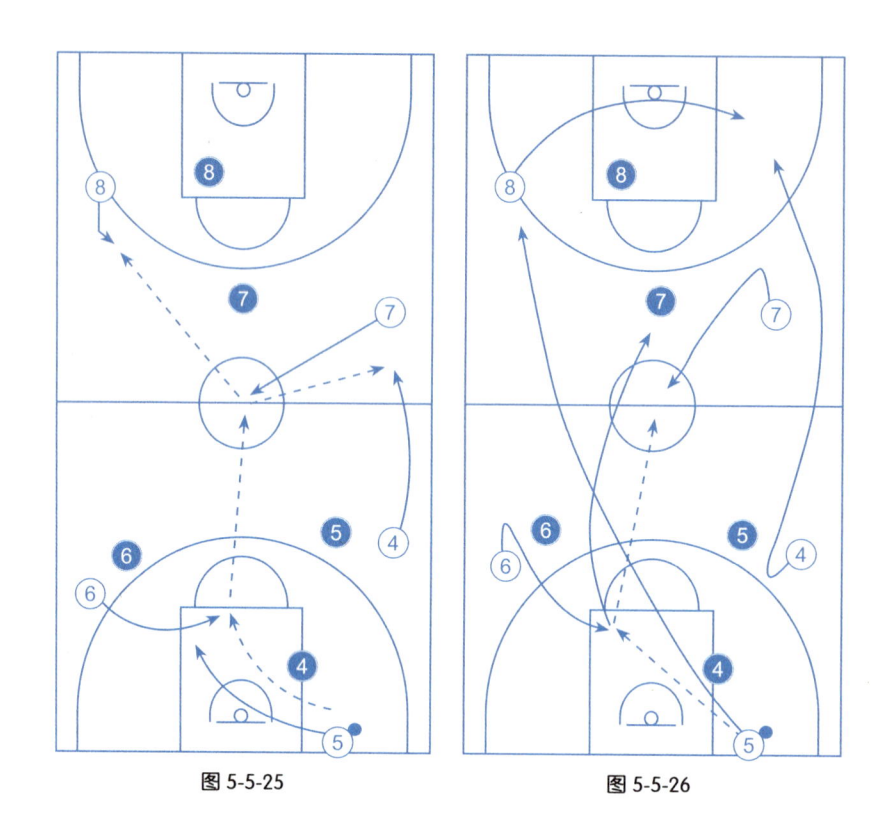

- 培养队员个人控制球能力，培养队员团队配合意识。
- 加强快攻反击和前后场进行衔接的训练，明确接应点和战术的机动变化，掌握配合的时间和节奏及连续性。

2. 防守战术

1）半场人盯人防守。

（1）战术要点。

- 攻转守时，迅速退回后场，组织防守。
- 根据对手、球、球篮选择有利位置（有球紧、无球松，近球紧、远球松，近篮紧、远篮松）。
- 人、球、区兼顾，做好与同伴协防的准备。

（2）练习方法示例。

- 防守以掩护为主的进攻。

如图 5-5-27 所示，进攻队员 ④ 利用 ⑥ 后掩护运球突破时，防守队员 ⑥ 要提醒 ④，并移向 ④ 突破的方向，封堵 ④ 运球，迫使 ④ 减速或停止运球。④ 要加速从 ⑥ 身前挤过去追防 ④。⑥ 封堵延误 ④ 的进攻之后要立即回防 ⑥；若这时 ⑥ 利用掩护后转身插向篮下准备接 ④ 的高吊传球，则防守弱侧的 ⑤ 或 ⑦ 要补防。

- 防守中锋进攻。

  如图 5-5-28 所示，进攻队员 ④ 持球时，④ 上前防守，⑥ 利用 ⑦ 掩护接 ④ 的传球，⑦ 和 ⑥ 要及时换防，⑦ 上前防守 ⑥，⑥ 防守 ⑦。

（3）教学训练要点。
- 明确半场人盯人防守的基本要求和方法。
- 充分运用夹击、绕过、挤过、换防等防守基础配合，加强防守的整体性。
- 提高个人防守的责任感，提高个人防守能力；加强合作意识，充分运用防守基础配合，提高全队集体防守能力。

图 5-5-27 　　　　　　　　图 5-5-28

2）全场紧逼人盯人防守。

（1）战术要点。
- 攻转守时，在全场范围内迅速紧逼各自的对手。
- 人球兼顾，积极阻挠对手移动；严密控制对手接球、运球、投篮等进攻行动。

（2）练习方法示例。
- 掷界外球夹击接球者的紧逼方法。

  如图 5-5-29 所示，进攻队员 ④ 掷界外球时，④ 放弃对 ④ 的防守，而去

协助 ⑤ 夹击离球较近而控制和支配球能力较强的 ⑤ 使他没有接球机会，力求造成 ④ 5 秒违例或传球失误。④ 防守时，可面对或侧对 ⑤，阻挠他接球。⑤ 站在 ⑤ 的侧后方，防止 ④ 传高吊球。⑦ 和 ⑧ 都抢在对手前面错位防守，准备断对方长传球，如果对方已将球掷进场则一对一防守，严密控制对方。

如图 5-5-30 所示，④ 也可采取机动夹击的方式，可位于 2 名接球队员前面也可站在后面，但必须与 ⑤ 和 ⑥ 配合好，④ 要判断 ④ 的传球意图，及时移动进行夹击或断球，若对方已将球掷进场，而夹击又不成功，④ 和其他队员应及时调整位置，恢复原来的紧逼人盯人防守。

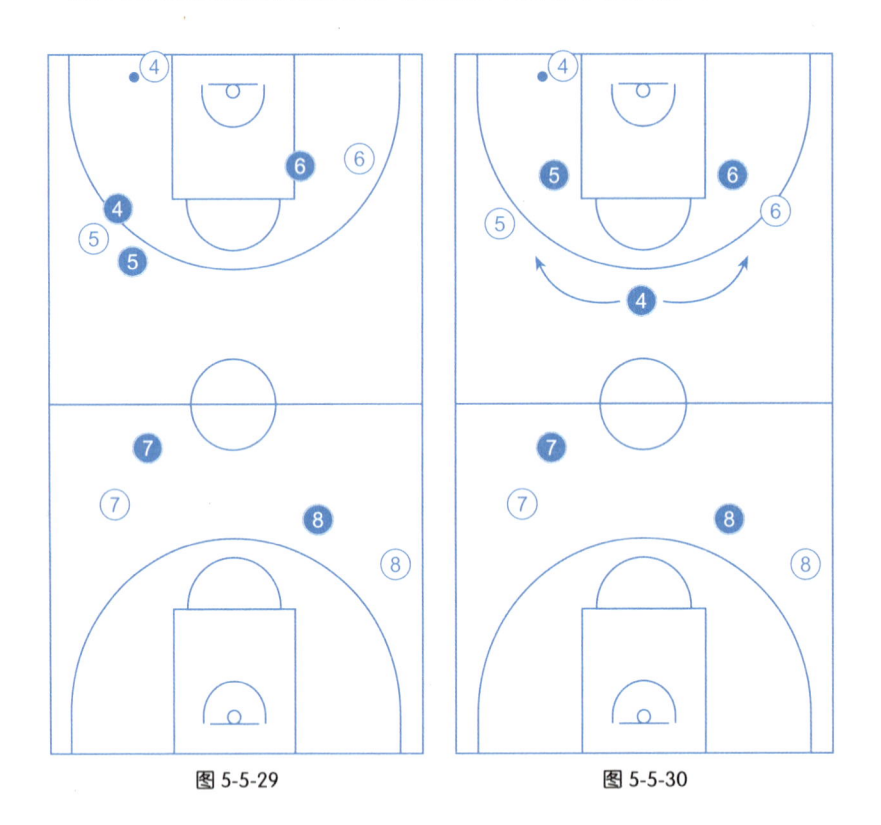

图 5-5-29　　　　　　图 5-5-30

- 中场夹击方法。

如图 5-5-31 所示，防守队员 ⑤ 堵中路，放边路，迫使进攻队员 ⑤ 沿边线运球推进。当 ⑤ 运球刚过中线时，⑦ 突然迎前堵截，在中线的场角与 ⑤ 形成对 ⑤ 的夹击。同时，其他防守队员要轮转补防，准备断 ⑤ 传出的球。

（3）教学训练要点。
- 明确战术特点、方法和要求。
- 根据双方具体情况，选择运用时机（身材、体力、战术变化等）。
- 充分利用 5 秒、8 秒规则限制以及利用边线、中线堵中放边进行夹击，逼迫对手失误或违例。
- 全场紧逼人盯人防守需要充沛的体力，必须加强身体素质训练。

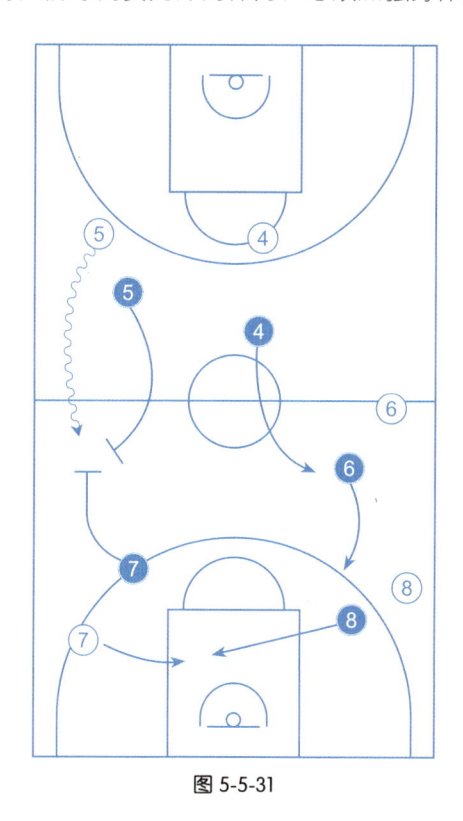

图 5-5-31

3）区域联防。

（1）战术要点。
- 以防球为主，随球的转移调整位置；人球兼顾，阻止持球队员突破和传球给内线防区。
- 严密防守进入罚球区附近或穿过罚球区的进攻队员，不让其轻易接球、传球或投篮，加强篮下区域防守。
- 防守队员要彼此呼应，随时准备协防、换位、"护送"等，加强防守的集体性。

（2）练习方法示例。

- "2-1-2" 区域联防。

如图 5-5-32 所示，"2-1-2" 区域联防 5 名防守队员分布比较均衡，移动距离近，便于相互协作，并能根据进攻队员特点改变防守位置，变换防守队形，便于控制篮下，有利于前篮板球和发动快攻。但如图中阴影区是防守的薄弱区域，不利于防守这些区域内的中远距离投篮，不利于在球场底角进行夹击防守配合。

如图 5-5-33 所示，进攻队员 ④ 持球时，④、⑥ 应根据对方进攻阵形和对方中锋的位置决定两人的防守配合。④ 上去防守 ④，⑥ 要稍向右移动，协助防守 ⑤，并准备抢断 ④ 传给 ⑥ 的球。⑤ 向上移动防守 ⑤，⑦ 向上移动防守 ⑦，并兼顾防守篮下，⑧ 防守 ⑧ 的篮下活动。

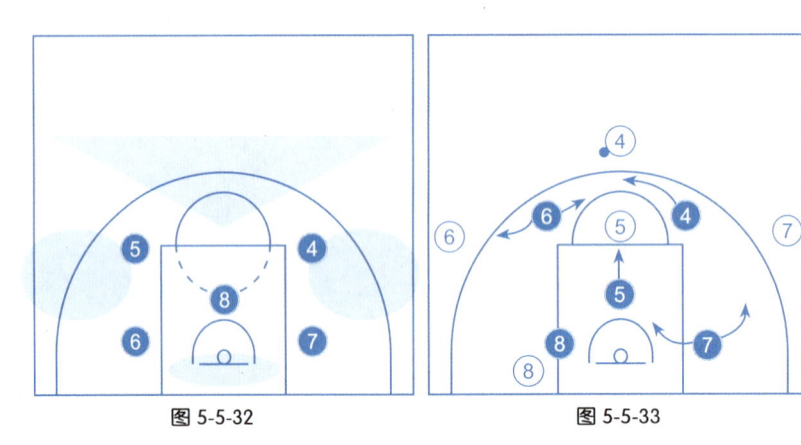

图 5-5-32　　　　　图 5-5-33

如图 5-5-34 所示，当 ④ 传球给 ⑥，⑥ 迅速上前防守 ⑥，④ 稍向下移动，协助 ⑤ 防守，⑤ 站在 ⑤ 的侧后方，切断 ⑥ 与 ⑤ 的传球路线，并防止 ⑤ 向篮下空切。⑧ 站在 ⑧ 的内侧前方，切断 ⑥ 与 ⑧ 的传球路线。⑦ 稍向罚球区移动，既要协助防守篮下，又要堵截 ⑦ 背插，还要准备抢断 ⑥ 过桥横传球给 ⑦。当 ⑥ 投篮时，⑦、⑧、⑤ 在篮下形成包围圈，准备抢篮板球。

如图 5-5-35 所示（球在底角时），当球传给 ⑧ 时，⑧ 上前防守 ⑧，⑥ 迅速跑到底角，与 ⑧ 配合对 ⑧ 进行夹击。④ 向下移动防 ⑤ 接球，⑤ 向斜后移动保护篮下，⑦ 向中间移动，防止 ⑦ 背插。

图 5-5-34　　　　　　　　　图 5-5-35

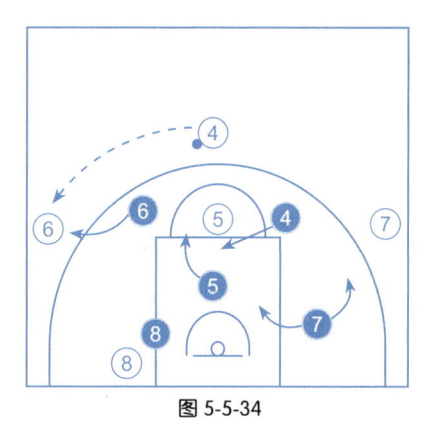

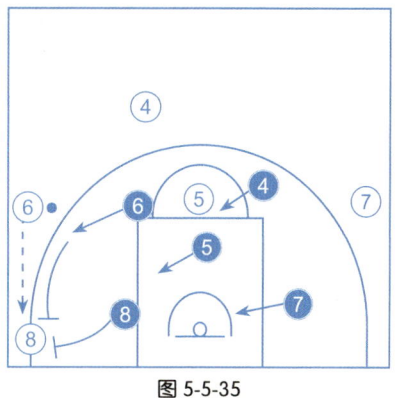

如图 5-5-36 所示（防守溜底线的配合），当④将球传给⑦时，⑧溜底线，⑧应堵截⑧的移动路线，延误其配合时间，并跟随⑧，不让其接球，并提示⑦，等④回防⑦，⑦退回防⑧时，⑧再回到原来的防守区域。⑤站在⑤的侧后方，防其接球和篮下空切，⑥向下移动，防⑥背插。

如图 5-5-37 所示（防守底线中锋配合），当⑦把球传给篮下中锋时，④、⑤向下移动，与⑦协同围守、夹击⑧，⑥向罚球区移动防⑤接球，堵截其向下空切，⑧防止⑥向罚球区空切。

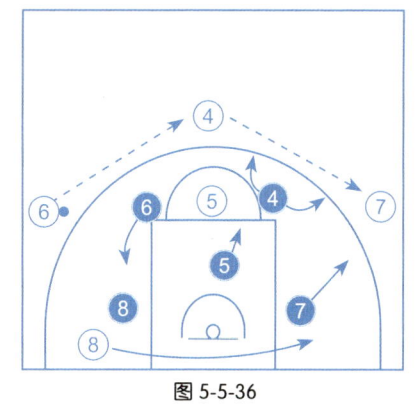

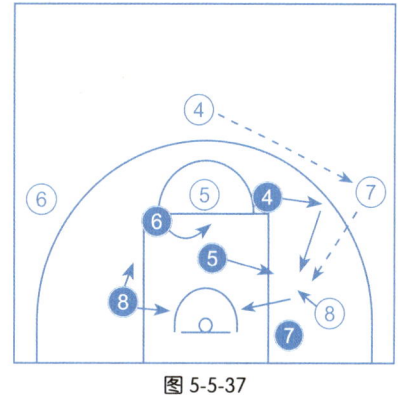

图 5-5-36　　　　　　　　　图 5-5-37

（3）教学训练要点。

- 明确联防的队形和战术配合方法及要求。
- 可先进行 2~3 人的分解教学，逐步过渡到 5 人的整体防守。
- 全队练习时，先练随球移动的防守，后练随进攻队员移动的防守，再逐步过渡到球和进攻队员同时移动的防守。

- 全场练习过程中将区域联防同抢篮板球发动快攻结合起来，同进攻转入防守结合起来，并逐步学习区域联防队形的变化。

4）区域紧逼。

（1）战术要点。

- 以防球为主，兼顾盯人，近球区以多防少，远球区以少防多；堵中路放边路，迫使对方把球传向或运向边线。
- 边角停球时，迅速迎上夹击；远球区域错位防守，随时注意堵截、夹击或抢断球。

（2）练习方法示例。

- "1-2-1-1"区域紧逼。

  如图 5-5-38 所示，当对方在端线掷界外球时，④ 的任务是防守 ⑤，影响其顺利地掷界外球，并封堵向 ⑥ 的传球路线。⑤ 和 ⑥ 应不让 ④ 和 ⑥ 顺利接球，当 ④ 接球时，④ 应迅速随球移向 ④，并与 ⑤ 堵 ④ 向中路移动，进行夹击。同时，⑥ 应向中间移动，切断 ④ 可能向 ⑤ 和 ⑥ 的传球路线，迫使 ④ 由边路运球推进。⑦ 在 ④ 开始运球时，应向左侧移动，准备在中区夹击，⑧ 应向左下侧移动准备堵截和补位。

  如图 5-5-39 所示，当 ④ 向前场运球突破时，⑤ 应逼近，紧紧追防。⑦ 横向边堵，迫使 ④ 运球过中线后停球，并与 ⑤ 共同夹击，同时 ④ 要从中路退到中线附近，⑥ 要由边路退到后场罚球线附近，⑧ 继续向左移动切断 ④ 向中间或左侧的传球。

（3）教学训练要点。

- 明确球在不同防区时每名队员的任务和要求，及队员间协同配合的方法。
- 区域紧逼一般运用在本方投中篮后对方掷后场端线界外球和对方在后场掷边线界外球时。
- 结合区域紧逼的特点和要求，提高队员的身体素质，特别是快速起动能力和速度耐力，同时提高个人防守能力，加强抢球、打球、断球技术和以少防多、轮转补位等能力的训练。

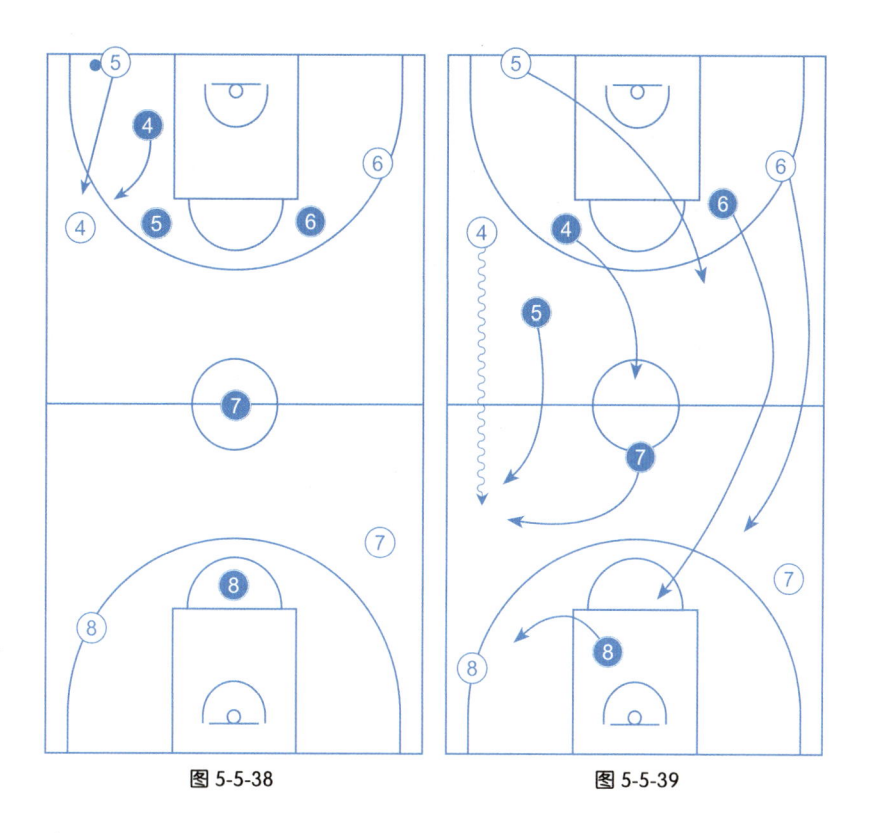

第五章　青少年篮球不同发展阶段教学训练要点及方法示例 | 179

图 5-5-38　　　　　　图 5-5-39

参考文献

[1] 谭朕斌.美国青少年篮球训练方法 250 例 [M].北京：北京体育大学出版社，2007.

[2] 鲍勃·希尔.篮球教练员成功之道 [M].谭朕斌，译.北京：人民体育出版社，2004.

[3] 谭朕斌.篮球技术教学与训练（英汉双语）[M].北京：北京体育大学出版社，2010.

[4] 吴瑶.幼儿园武术教学内容体系的构建研究 [D].北京：北京体育大学，2016.

[5] 乔毅娟，张涛，等.天津市 255172 名 3~6 岁幼儿园儿童体格发育情况 [J].中国慢性病预防与控制，2020,28(6):423-427.

[6] 姜哲.我国 16 岁男子足球运动员重点竞技能力确定及训练质量评价 [D].北京：北京体育大学，2018.

[7] 李丹阳，赵焕彬，等.青少年早期专项化训练学者共识 [J].成都体育学院学报，2020,46(3):112-121.

[8] 袁圣敏，吴键.青少年健康体能训练（八）——灵敏素质的机制及其练习方法 [J].中国学校体育，2017(8):62.

[9] 胡本东.篮球运动技术动作模式下的体能训练探究——评《篮球运动系统训练》[J].中国教育学刊，2019(2):113.

[10] 原雅青，刘洋，张绍华，等.美国 Brockport 残疾学生体质测试及启示 [J].体育学刊，2017, 24(6):123-127.

[11] 王兵，黄刚强.我国篮球运动员专项体能的理论研究进展 [J].武汉体育学院学报，2005, 39(5):110-112.

[12] 基思·米尼斯卡尔科，格雷格·科特.青少儿篮球执教指南 [M].2 版.薛正武，刘焕然，译.北京：北京科学技术出版社，2020.

[13] 中国篮球协会，中国中学生体育协会.小篮球教练员指导手册（3~6 岁）[M].北京：北京体育大学出版社，2020.

[14] 张宏杰，陈钧.篮球运动成功训练基础 [M].北京：北京体育大学出版社，2003.

[15] 厄尼·伍兹.篮球攻击性紧逼防守 [M].张雄，张雪领，译.北京：人民体育出版社，2006.

[16] 皮特·纽维尔，斯文·奈特.篮球中锋位置技术与训练 [M].北京：人民体育出版社，2011.

[17] 王守恒，等.中国青少年篮球训练教学大纲 [M].北京：北京体育大学出版社，2012.

[18] 曹冬，单曙光.NBA 经典进攻战术解析 [M].北京：人民体育出版社，2011.

[19] Ron Ekker.NBA 篮球训练法 [M].高博，译.北京：化学工业出版社，2013.

[20] 王世安，马耀汉，刘玉林，等.篮球 [M].北京：人民体育出版社，1991.

[21] 田麦久.运动训练学 [M].北京：人民体育出版社，2000.

[22] 运动生物化学编写组.运动生物化学 [M].北京：北京体育大学出版社，2018.

[23] 运动解剖学编写组.运动解剖学 [M].北京：北京体育大学出版社，2020.

[24] 王瑞元，苏全生.运动生理学 [M].北京：人民体育出版社，2000.